◎青少年常识读本系列丛

节日漫谈

陆　雨　◆编著

吉林人民出版社

图书在版编目(CIP)数据

节日漫谈 / 陆雨编著. -- 长春:吉林人民出版社,
2012.5

(青少年常识读本系列丛书)

ISBN 978-7-206-09045-5

Ⅰ.①节… Ⅱ.①陆… Ⅲ.①节日-风俗习惯-世界
-青年读物②节日-风俗习惯-世界-少年读物 Ⅳ.
①K891.1-49

中国版本图书馆CIP数据核字(2012)第112102号

节日漫谈

JIERI MANTAN

编　著:陆　雨

责任编辑:田子佳　　　　　　　　封面设计:七　洱

吉林人民出版社出版 发行(长春市人民大街7548号　邮政编码:130022)

印　　刷:北京市一鑫印务有限公司

开　　本:670mm×950mm　　　　1/16

印　　张:12　　　　　　　　字　　数:140千字

标准书号:ISBN 978-7-206-09045-5

版　　次:2012年7月第1版　　　印　　次:2023年6月第3次印刷

定　　价:38.00元

目 录

CONTENTS

中国节日

目 录
CONTENTS

目　录

CONTENTS

目　录

CONTENTS

外国节日

目 录

CONTENTS

目 录

CONTENTS

世界性节日

目 录
CONTENTS

中国节日

历史悠久的民间传统节日

春节的来历

春节又称"过年",是我国民间最盛大、最热闹、最古老的传统节日。

原始社会时,就有对"年"的不同叫法。据古书记载:唐虞叫做"载",这是万象更新的意思。夏代叫"岁"是表示新年一至,春天就来了。商代叫"祀"是表示四时已尽,该编入史册的时候了。直到周代才开始叫"年"。"年"的基本概念大概是从新石器时代初期开始的。我们祖先都是庄稼人,他们以农、林、牧、副、渔业为生。因此,古代关于"年"的概念初义来自农业,古文上有"年,谷熟也"的说法,以谷熟为一年。又:"年"字原是"稔(rěn忍)"字的初文,是谷熟丰稔的意思。《谷梁传·宣公十六年》中说:"五谷皆熟为有年。""五谷大熟为大有年"。所谓"有年"就是好收成。"大有年"就是大丰收。甲骨文中的"年"字是果实丰收的形象;金文中的"年"字也是谷穗成熟的样子。谷禾都是一年一熟,引伸一下,就把年作为岁名,"稔"的初文就变成了"年"。可见,"年"原是预祝丰收喜庆的日子。为庆祝丰收和迎接新的一年开始,人们就在"立春"前后的旧历年正月初一欢聚在一起"过年"。祖居我国台湾省的高山族人,曾把粟(谷类)的收获当做"年",即从这次收获粟到下次收获粟为一年。在牧区,"年"又与牧草的生长

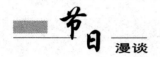

联系在一起，就是草原上的牧草一枯一荣为一年。以渔业为生的民族，他们的"年"则与捕猎对象的活动规律有关。可见，关于"年"的最初概念，都是和人类生产劳动的周期性，都是地球围绕太阳公转的周期性的客观反映。

据《诗经》记载，每到农历新年农民喝"春酒"祝"改岁"，尽情欢乐，庆祝一年的丰收。到了晋朝，还增添了放爆竹的节目，即燃起堆堆烈火，将竹子放在火里烧，发出噼噼啪啪的爆炸声，使节日气氛更浓。到了清朝，放爆竹，张灯结彩，送旧迎新的活动更加热闹了。清代潘荣升《帝京岁时记胜》中记载："除夕之夜，子夜初交，门外宝炬争辉、玉坿竞响……闻爆竹声如击浪轰雷，遍于朝野，彻夜无停。"民间把过春节叫做"过年"，有一段古老的传说，尽管它带有迷信的色彩，但听起来十分有趣。相传在太古的时候，有一种凶恶的怪兽，长着血盆大口，凶残无比，人们称之为"年"，每隔365天，晚上，"年"就要出来伤害人畜，毁坏田园。因此人们都要熄灭灯火，避灾躲乱。一次，这个妖怪到了一家门口，恰巧这家人穿着红衣，点了一堆竹子取暖，先是一个小孩不小心，把一个盆子碰落在地下，"当啷"一声把妖怪吓了一跳。紧接着燃烧的竹子又"啪啪"地几声爆响，"年"因怕响，怕红，怕火而吓得掉头逃窜。这家人取得胜利，便兴高采烈地相互道喜。

此后，每逢年末岁首，人们就敲锣打鼓燃放爆竹来驱邪消灾，祈望五谷丰登，人畜兴旺，谓之"过年"。这样，年复一年，逐渐演化为每逢过年，人们相互拜年，表示庆贺。同时，用贴红对联来代替穿大红衣服，用点旺火，放鞭炮来代替爆竹等风俗也次第出现。这种传说，现代人听起来感到荒诞是很自然的，因为这种传说是洪荒时代创造诞生的。在很久很久以前的古代，山野荒凉，人们愚昧，远古流下来的故事，就不能不带着浓厚的迷信色彩，随着人们生活和文化水平的提高，那些带迷信色彩的陋俗被逐渐淘汰，而一些富有积极意义的习俗，至今仍在民间盛行。春节古时也称"元旦"。"元"者始也，"旦"者晨也，"元旦"即一年的第一个早晨。殷商时，以月圆缺一次为一月，初一为朔，十五为望。每年的开始从正月朔日子夜算起，叫"元旦"或"元日"。到了汉武帝时，由于"观象授时"的经验越来越丰富，司马迁创造了《太初历》，确定了正月为岁首，正月初一为新年。此后，农历年的习俗就一直流传下来。

春节扫尘

"腊月二十四，掸尘扫房子。"民谚云："二四扫房屋，二七、二八贴花花。"就是说，每临春节，从腊月二十四开始，家家户户，开展一次卫生大扫除，清洗家具，拆被洗褥，糊壁裱墙，农家还要仔细地扫除天花板及四壁的灰尘，干干净净迎接新春。不过近年来，许多农民大都在腊月二十六到二十八扫尘，也许是为了使春节时能够保持新鲜干净。扫尘的习俗，由来已久。"帚"字已见于甲骨文。陕西出土的商周朝铜器上，就有"子持帚作洒扫形"的铭文。可见，人们在几千年以前就用扫帚扫除了。《礼记》中，有"凡内外，鸡初鸣，……洒扫室堂及庭"的记事，这说明，人们在很早以前就知道污秽、尘沫与传播疾病有关。周书《秘奥造宅经》中就有"沟渠通浚，屋宇洁净，无秽气，不生瘟疫"的记载。有人认为，早在尧舜时代，我国人民就有了"扫年"（古代把春节大扫除称为"扫年"）的习俗。《吕览注》称："岁除日，击鼓驱疠疫鬼，谓之逐除。"后来，逐渐演变为年终的卫生大扫除了。到唐代，"扫年"之风盛行。据宋人吴自牧《梦粱录》记载："十二月尽……不论大小家，俱洒扫门闾，去尘秽，净庭户，以祈新岁之安。"扫尘之风俗，反映了我国劳动人民爱清洁，讲卫生的传统。

春节剪纸

剪纸是我国传统的民间艺术形式之一，因为大多数是贴在窗户上，所以也叫"窗花"。它是一种用剪刀（或刻刀）剪（刻）彩色纸而成的装饰性艺术小品。每逢新春佳节，当你漫步在空气清新的农村，你就会看到家家户户用色纸剪成各种花草，动物或人物故事的窗花，挂笺，贴在窗户、门上，气氛焕然一新，洋溢着喜庆和欢乐的节日气氛。剪纸在农村还被普遍地用作鞋花、枕花、孩子的帽花、肚兜花、大人的袖花、围裙花的花样。剪纸还用作刺绣、陶瓷、印染、雕花、皮影等工艺装饰的底样。不过，近年来，我国广大农村，尤其是城市剪纸已不多。大多数都从市场上买各式各样的挂贴贴在门上或窗上。

春节贴年画

年画是我国民间绘画艺术中人民群众喜闻乐见的一种形式。新春佳节，家家户户在居室墙上贴上几张年画，更能增加节日的气氛。年画是伴随着我国农历春节送旧迎新活动而产生的。早在尧舜时期年画就出现了，时至今日，春节还保持贴年画的传统。

年画来源于"门神"。它是由古时的门神画演变而来的。关于"门神"的来历还有一个传说。南朝梁宗懔所著《荆楚岁时记》载："正月一日，绘二神贴户左右，左神荼，右郁垒，俗谓之门神"。到了唐代，便由将军秦叔宝、胡敬德出来代替假设中的神荼、郁垒子。据《三教搜神大全》称："户神，唐秦叔宝、胡敬德二将军也。"用意是消灾纳福，镇妖辟邪。明朝吴承恩著《西游记》里讲述了这个故事：有一次唐太宗得了病，夜里做梦听见鬼叫，无法安寝。第二天，太宗便把此事告诉了诸位大臣。大将秦叔宝向太宗请求说，自己愿同胡敬德全副披挂，持铜仗剑，把守宫门。太宗应允了他。这一夜，唐太宗果然睡得很好。唐太宗为了以后睡觉都能安宁，又不忍心叫两位老将夜夜守在宫门，便命画工画了秦、胡二人的像，悬挂在宫门的旁边。久而久之，上行下效，两人就成了"门神"。可见"门神"与门画是有密切联系的。民间还有将钟馗作为门神贴于门首的传说。钟馗之为门神，看来也是"刻画效象，冀以御凶"。

上海郑曼陀把日历和年画合二为一，制成"日历牌"年画和挂历年画，至今风靡全国。解放后，新年画在传统的基础上推陈出新，多以爱国主义、国际主义、劳动生产、建设四化等为题材，反映现实生活。目前，随着科学技术的不断发展，年画已可用不同的先进方法印刷。形式多种多样，题材广泛，风格不一。其形式有中条、屏条、挂签、斗方、窗顶、灶画、喜幅等数十种。其题材有山水花鸟、戏曲人物、民间传说等，而且风格各异：北京西北一带的年画，以粗犷、苍劲闻名；天津"杨柳青"年画，以细巧、典雅而著称；山东潍坊的杨家埠和苏州的桃花坞年画，则以粗壮、朴实见长；漳州年画，黑底粉印，绚丽多姿，浓丽凝重，独具一格；佛山年画，红底黑版，细润柔和，色彩缤纷，别饶风趣。此外，还有四川的锦竹、广西柳州等地的年画，都具有独特的风采。现在，年画的内容更加丰富多彩，广大美术工作者根据推陈出新的方针，对年画进行了改革创新，创作出不少具有强烈现代气息和浓厚生活情趣的新年画。

春节放鞭炮

每当除夕之夜，不管是繁华的城市，还是僻静的山村，无论是霓虹灯闪耀的闹市还是小巷深处，劈劈啪啪的爆竹声，一束束焰火凌空而起，有的如天女散花，有的像孔雀开屏，争相怒放，节日的夜空饰若仙境，为人们增添无穷欢乐。放爆竹、焰火过春节，在我国源远流长，已有两千多年的历史了。古人焚竹发声，名曰"爆竹"。《通俗编俳优》说："古时爆竹皆以真竹着火爆之，故唐人诗亦称爆年，后人卷纸为之称曰爆竹。"爆竹的原意在于惊惮和驱逐恶鬼。《荆楚岁时记》中记述："正月一日，是三元之日也，鸡鸣而起，先于庭前爆竹，以辟山魈恶鬼。"《神异经》云："西方山中有鬼焉，长尺余，一足，性不畏人；犯之令人寒热，名曰山魈。以竹着火中，火扑哗有声，而山魈惊惮。后人遂象其声，以火药为之。"这当然是迷信的说法。相传，到了初唐年间，一些地方天灾连年，瘟疫四起，有个叫李田的人，便在小竹筒内装上硝，导以爆炸，以硝烟驱散山岚瘴气，减退疫病流行，这便是装硝爆竹的雏形。到1300年前，火药发明后，人们用纸造的筒子代替了竹子，并用麻茎把爆竹编成串，称为"编炮"，因声音清脆如鞭响，也叫"鞭炮"。宋代，已有除夕出售鞭炮于开封府街头的记载（《东京梦华录》），在全国各地也有了专门生产爆竹的作坊。最初的纸卷爆竹，响一下就完了，后来发展为各种花炮。南宋孟元尧撰写的《东京梦华录》一书中说：除夕"是夜禁中爆竹山呼，声闻于外。士庶之家，围炉团坐，达旦不寐，谓之'守岁'"。由此可见，这时放爆竹的意义，已不只是驱逐"山鬼"了。老百姓用爆竹接"财神""迎灶王"，想讨个吉利，作为"爆发"的象征。

贴春联

每到大年三十，无论城乡，家家户户门上都要张贴红色春联，为节日增添色彩。它以工整、对称、简洁、精巧的文字描写时代背景，抒发美好的愿望，是我国独创的一种富有民族文学色彩的娱乐活动。春联，又称对联、门对、对子、春贴，它起源于古人的"桃符"和"门贴"。清代富察敦崇所写的《燕京岁时记·春联》中载："春联者即桃符也。自入腊以后，即有文人墨客，在市肆檐下，书写春联，以图润笔。祭灶之后，则渐次粘挂，千门万户焕然一新。"

"千门万户瞳瞳日，总把新桃换旧符。""桃符"和"门贴"年年更换，岁岁变新。到了五代，后蜀的孟昶，特别喜欢"桃符"，也就开始在桃木条上题写联语。有一次，他命翰林学士辛寅逊题写桃符板时，觉得辛的词句欠佳，便亲自写了一封联语：

新年纳余庆，嘉节号长春。

据考证，这便是我国最早的一副合格的春联。但这春联仍写在桃木板上，被称为"桃符对句"。到了宋代，春节贴春联已成民间的习惯。不仅春节贴，平时逢吉日喜事，都在门上、建筑物的楹柱上张贴。因此，又叫"楹联"。然而，正式命名为春联，也就是用红纸写春联，乃始于明太祖。据说明太祖十分喜欢春联。他不但除夕传旨，门上须加春联，还经常向大臣们赐贴春联，并微服出巡，到民间观赏春联。陈云瞻《簪云楼杂话》记："帝都金陵，除夕前忽传旨，公卿士庶之家，门口须加春联一副，帝（明太祖）微行出观。"帝王的提倡，使春联日盛。此后贴春联便作为一种习俗，流传至今。

拜 年

春节期间，我国民间有"拜年"的传统习俗。柴萼的《梵天庐丛录》称："男女依次拜长辈，主者牵幼出谒戚友，或止遣子弟代贺，谓之拜年。"拜年，在我国由来已久。相传，远古时代有一种怪兽，长着血盆大口，红眼睛，绿头发，异常凶猛，人们叫它"年"。每逢腊月三十晚，它便出来挨家挨户地蚕食人类。人们只好把肉食放在门外，然后关上大门，躲在家里，直到初一早上人们开门见了面，作揖道喜，互相祝贺没被年吃掉。于是拜年之风绵绵相传。到了宋代，上层统治阶级和士大夫感到互相登门拜年，耗费时日，便用名帖相互投贺。如今的拜年，是人们相互走访祝贺节日，表示辞旧迎新的一种形式，也是人们利用节假日，交流思想，联络感情，增强团结的一种手段，它蕴含着亲友之间，同志之间团结和睦的良好愿望。

春联趣谈

唐伯虎是明代有名的才子，有一次，某商号请他写春联，他先写了一副颇为典雅的，老板看不懂，求他再写，他遂写道："门前生意，好比六月蚊虫，队进队出；柜里铜钱，要像冬天虱子，越捉越多。"此联全用俗语，于是主人大悦。

过年贴春联，是中国的传统习俗，对联的起源就始于春联。一般认为，最早的一副对联是五代时蜀主孟昶写的那副：新年纳馀庆；嘉节号长春。

就是港台乃至国外华人社会，在过年时也忘不了弄副春联贴在家门口。美国旧金山华人社会，春联也非常盛行，比如，中华会馆的春联是：中流砥柱，华国文章。旧金山华人社会的春联还以酒家为多，比如枫林小馆的春联是：枫色极天人共醉，林深香径月来寻。

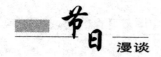

传说明成祖朱棣于某年元宵微服出游，遇一秀才，谈得颇投机。朱棣出上联试他才情，秀才立答下联。如下：灯明月明，灯月长明，大明一统；君乐民乐，君民同乐，永乐万年。"永乐"是明成祖的年号，朱棣大乐，遂赐他为状元。

少数民族的春节俗趣

春节，是我国各族人民的传统节日。汉族人民欢度春节有贴春联、放鞭炮、拜新年、闹花灯等习俗；而我国少数民族也都有各具特色的春节习俗，说来十分有趣。

白族：过新年时，常用整株的大竹子，在竹节里装上火药。点燃后发着响声，崩到天空十多丈高。人们欢呼声、掌声不绝。

壮族：在春节期间举行有趣的"抛绣球"活动。青年男女分成两排。相互抛掷，接不住就算失败，以纪念品赠送对方。

侗族：新年里盛行"打同年"。这种活动类似汉族的"团拜"。当"打同年"的队伍到达时，那里的妇女排成队伍，用唱歌形式向对方拜年，一唱一和，十分有趣。

蒙古族：除夕之夜，人们纷纷向长辈敬"辞岁酒"。围坐在火塘边吃饺子、下棋、听说书，通宵不眠。春节早晨，人们骑上骏马去探亲访友，宾主同食全羊酒宴。

瑶族：春节这天，男女青年扮演耕作戏，以三人为一组，一人作牛，一人扶犁，一人荷锄，逐户表演，以示喜迎春耕。预兆丰收。

苗族：春节传统文娱活动是芦笙舞。由青年男女二、三十人组成芦笙踩堂队，艳装华服，在几个老人带领下到附近各村寨拜年，跳芦笙舞。

景颇族：春节期间，姑娘和小伙子们，换上盛装，背上背篓。装上早已准备好的水酒、肉、菜、米，到半山腰"公房"里去集体欢度节日，白天荡秋千和射击比赛。晚上围在篝火周围唱歌、跳舞。

黎族：春节期间，各村青年汇集成队，高高兴兴地集体上山狩猎。每次狩猎到的飞禽走兽，归全村男女老少共享。

满族：春节时，满族群众兴高采烈地将买回的挂旗贴出，红旗人贴红挂旗，黄旗人贴黄挂旗，蓝旗人贴蓝挂旗，白旗人贴白挂旗。这些挂旗图案优美、色彩鲜艳。象征一年吉祥开端。

拉祜族：初一晨鸡一啼，男女青年冲出家门，争先恐后地奔到泉边去接新水，他们认为一年之始的泉水最新最纯，吃了能消灾灭病，延年益寿。上午人们带上粑粑，桂肉和酒类等礼品，走亲戚拜年，互相祝贺。

畲族：年初一时，畲族人民要全家拜"盘古祖图"。年长的人向全家讲述祖宗的历史传说。每隔三年还要举行隆重仪式，祭祀"盘古祖图"，以表对祖宗的热爱和忠诚。

仫佬族：从正月初一到十五，青年男女汇集到村头或山坡唱歌、谈情说爱，称作"走坡"。青年人以歌为媒来寻找心上人。

我国春节习俗之最

最早的"年"字古代《谷梁传·宣公十六年》载："五谷大熟为大有年"，"大有年"即大丰收之年。在两汉以前，"年"字意为五谷丰收，这便是"年"字的来历和原意。

最早的爆竹。春节爆竹之俗，始起于汉代，当时没有火药，就用火烧竹子发出的噼啪之声，作为愉悦、庆祝的音响，"爆竹"之名即来源于此。《通俗篇·俳优》有载："古时爆竹，皆以真竹火爆之。"

最早的春节。相传我国原始社会时就已有"腊祭"之说，腊尽春来，人们杀猪宰羊祭祀上天与祖先，祈求来年风调雨顺。到了公元前21世纪，夏朝建立，此俗便一直流传下来并逐渐形成春节。《尔雅》一书对春节有这样的说法："夏曰岁，商曰祀，周曰年。"从中可以足见"春节"由来之早。

最早的年画。年画起源于古时的门神画。东汉蔡邕《独断》有记，汉代民间已有门上贴"神荼"、"郁垒"神像的习俗，到宋代演变为木板年画。我国现存最早的年画是宋版的《隋朝窈窕呈倾国之芳容图》。

最早的春联。春联的雏形是古代的桃符，战国时每逢过年，人们用桃木板刻上传说中的镇妖降鬼大神"神荼"、"郁垒"的名字,悬挂于门旁,用于压邪,谓之"桃符",故后人就以"桃符"作为春联的别称。据《宋史·蜀世家》记载:公元934年,五代后蜀主孟昶在桃木板上挥毫自题:"新年纳余庆,嘉节号长春。"这便是我国历史上最早见诸文字的春联。

闽南台湾春节习俗考

闽南和台湾民间都把春节叫做"新正",寓意新正岁首,万物更新。

闽南的春节,多随古俗,往往是从冬至便拉开了序幕。在古代,除日(年三十)和除夕不在年终,而是在冬至的前一日。那时的二十四节气,也是以冬至为首的。古人称"冬至"为"短至",《礼记》的"月令"篇中记载:"仲冬之月,日短至"。因此闽南民间有"冬至阳生,万物苏醒"之源。台湾民俗谚语也有"冬至小过年,唔返无祖宗",意思是说,每年冬至是家人团聚的节日,即冬节。

在闽南,每逢冬节都要全家团聚,欢乐饮宴。冬节这一天一定要吃"汤丸",以示合家团圆之意。在台湾,冬至日要祭拜祖先,由家长介绍祖家的根源,说明祖先是来自福建某地,到现在已经几代人,排行第几,以便子孙后代寻根认祖。

除夕守岁,相传始于南北朝时期。梁朝的徐君倩就写过《共内人坐守岁》的诗。唐代大诗人杜甫的《杜住宅守岁》诗云:"守餐阿戎家,椒盘已颂花。盍簪喧枥马,列炬散林鸦。四十明朝过,飞腾暮景斜。谁能更拘束?烂醉是生涯。"

每当年三十中午,家家祭祖,祭后便食。晚上全家团聚进餐之后,大人还要分给孩子压岁钱。八点钟后,各家皆在大门口备好柴草焚"火",一时火光照耀,殊为大观,别有情趣。这一习俗据民间传说,当年元军入闽后,三户人家要养一个元兵,调理不周,则受鞭笞棒打,民众因不堪欺压,在除夕晚上,举火为号,驱杀元兵,以后世代相传,除夕都烧火以示纪念。除夕夜年轻人还要守岁到深夜,意在为长辈守寿。

大年初一，人们黎明即起，家家燃放鞭炮，叫做"开正"。早餐吃甜面线，寓意生活甜蜜，健康长寿，然后便走家串户，四处拜年。如果有人上门来拜年，主人会拿出糖果、蜜饯、泡甜茶，请客人"吃甜"。

初一这天，有许多禁忌：不吃稀饭，以防"出门遇雨"；不扫地板，以防"财气外泄"；不动刀锯，以防"流血事件"；不打骂孩子，不能打破碗碟，以免"不祥之祸"，等等。

初二"请女婿"；初三"祭亡灵"；初四为"接神日"，家家要摆上牲礼品以迎天上回来的诸神，祈求众神保佑合家平安；初五是开工吉日；初七据说是人类诞生的日子，要吃五谷蔬菜精制的"七宝汤"，称为"七元"；初八合家团圆，故称"完全"；初九"天公生"。接着便准备闹元宵了。

香港逢过年"关门大吉"

香港的节日如此之多，且逢节必过，不会影响社会的日常运作吗？若你是这般想的，那就是杞人忧天了。

剖析香港社会的制度结构，除政府各部门为"皇家工"之外，其余一应机构，无论大到资产过亿、员工逾万的大集团、大公司，抑或小到既做老板又做伙计的小生意人，全都是私营性质。故此，雇佣之间虽有劳工法例，但在不违反法例的前提下，不同性质的企业或公司就有不同形式的节假日制度。于是既有"圣诞节"放假二三天多则一个星期的好事情，又有春节明明规定放假3天，可实际上大多数市民年廿八就开始放假，起码休到初八、初九才上班，更有甚者过了"元宵"才姗姗返回开工。

香港这种少节制甚至无节制的过节，依笔者看，既有利也有弊，利在于各行其政、各施各法，不无方便；弊的是节假连休给社会造成压力。如春节，比平日多十倍八倍的人返回内地，徒添海关边检工作量，而香港街头在春节期间却呈现无限萧条，马路上空荡荡，停车的根本不用担心停错车位而遭警察抄牌。

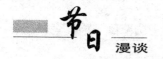

春节期间香港店铺、街市等服务行业，更是早早"关门大吉"，除了公共交通仍保持一定限度的服务。

名士名流除夕夜

除夕之夜是令人难忘的，古今中外，多少名人名流、志士仁人，据己之志趣和爱好，以不同方式情有独钟地度过除夕：

在总结中过除夕——唐代诗人贾岛，利用除夕守岁的时候总结一年的创作。他取一年之作置案上，祝曰："此为终年苦心也。"示来年笔耕丰收。

在感叹中过除夕——南宋嘉定二年，陆游在除夕写下了他一生中最后一首千古绝唱《示儿》："死去元知万事空，但悲不见九州同，王师北定中原日，家祭无忘告乃翁。"

在狱中吟诗过除夕——杰出民族英雄文天祥被囚狱中，在除夕之夜吟道："命随年欲尽，身与世俱忘。无复屠苏梦，挑灯夜未央。"

在笔耕中过除夕——苏东坡写下《守岁》诗，咏道："努力尽今夕，少年犹可夸！"

在抄录碑帖中过除夕——鲁迅先生的除夕之夜是这样度过的："专心致志地抄录碑帖，殊无换岁之感"。他把一年来写的日记、手稿整理包好，或吟诗赠友，或致信同仁；或仔细地回忆过去一年中做了多少工作，有没有虚度光阴，还有什么打算。

在聚义革命中过除夕——1904年除夕，二十多位革命志士以除夕聚餐为名，正式召开了"华兴会"成立大会，推举黄兴为会长，宋教仁等为副会长。提出"驱除鞑虏，恢复中华"的革命口号。

在海洋上度过除夕——明朝著名航海家郑和为打通我国与海外的经商渠道，前后曾七下西洋，总计达28年。因此，郑和一生中有24个除夕是在海上度过的。可谓世界历史上在海上过年的名人之最。

在实验室中过除夕——生物学家巴甫洛夫，在一个除夕夜，他的未婚妻和朋友们到他家去做客，可他一头钻进实验室忘记了一切。后来，朋友们都陆续走了，未婚妻立在门外的雪地里等他，除夕钟声响了12下，新的一年开始了，巴甫洛夫才从实验室出来。

在计算数据中过除夕——科学家爱迪生，有一年除夕夜，他的妻子忙碌了一天，为他准备好最爱吃的年糕，和他一块共度节日盛夜。可爱迪生为了计算一个灯泡的容积数据，在实验室一直工作到雄鸡报晓。当听到鞭炮声时他才恍然想起是除夕之夜，但此刻已是新年的清晨了。

清宫春节的"万寿灯"

农历正月初一，是我国传统的"春节"。庆贺春节，是我国数千年来的习俗，不仅民间这样，"九五之尊"的帝王之家也不例外。每年年终腊月，新年将至之时，紫禁城内热闹非凡，为迎接新春佳节的到来，宫内要举行许多相应的活动，其中在乾清宫安设万寿灯便是一项重要的内容。

据载，乾清宫内设置的万寿灯是以绫锦制成的八角形的宫灯，宝盖流苏，泥字金书。挂灯的灯竿以楠木雕成盘龙形状。竿顶横出八只，挑竿下有雕花支桩。立柱顶端安一云纹托，托上有圆亭，内装转轴，横向悬挂八幅仙人画，微风吹动，仙人自动旋转。在八根挑竿的尽端，各雕一木质仙人，竿下悬挂万寿宝联，共八幅，两侧合为十六幅，每幅俱绣金字联句。天色一晚，高悬的万寿灯在夜幕的衬托下莹莹发光，照亮整个乾清宫。

安置在乾清宫丹墀上下的万寿灯、天灯，要一直悬挂到新年的二月初三日方才撤出，称为"出灯"。

关于乾清宫内悬挂万寿灯的盛况，清代乾隆皇帝《天灯、万寿灯》诗里明显地反映出来：

"金龙护柱长数丈，四柱撑如巨灵掌。彩灯左右列丹墀，万寿灯明丹升上。全年腊月二十四，缚架悬灯声扰攘。百夫举柱齐用力，一一都听铜锣响。灯上联书细金字，惟乞岁岁登丰穰。瑶宫乐事与民同，从识太平真有象。"

历经几个世纪的风雨沧桑，天灯、万寿灯都已湮没在滚滚的历史风尘中。如今，唯有那四方青白石须弥式石灯座还安置在乾清宫丹墀的上下东西两侧，供人们观赏、凭吊。

压岁钱的由来

每逢每年的除夕之夜，长辈们都要给小孩子压岁钱，代表长辈对晚辈的美好祝福，愿孩子在新的一年里健康吉利。

那么，过春节时为什么要给孩子压岁钱呢？

传说，古时候有一种身黑手白的小妖，名叫"祟"，每年的年三十夜里出来害人。它用手在熟睡的孩子头上摸三下，孩子就会发烧，讲呓语，几天后热退病去，聪明的孩子就变成了痴呆疯癫的傻子。

在嘉兴府有一户姓管的人家，夫妻俩老年得子，视为掌上明珠。到了年三十晚上，他俩怕祟来害孩子，就逗孩子玩，用红纸包了八枚铜钱，让孩子拆开包上，包上拆开，一直玩到睡下，包着的八枚铜钱顺手便放了孩子的枕头边。夫妻俩挨着孩子不敢合眼，怕祟来害孩子。半夜里，一阵巨风吹开了房门，吹灭了灯火，黑矮的小人用它的白手摸孩子的头时，孩子的枕边迸裂出一道金光，祟吓得急忙缩回手，尖叫着跑了。管氏夫妇把用红纸包八枚铜钱吓退祟的事告诉了大家。于是，大家都照此法去做，果然祟未敢再来。原来，这八枚铜钱是八仙变的，在暗中帮助孩子吓退祟，因而，人们把这钱叫"压祟钱"。又因"祟"与"岁"谐音，随着岁月的流逝而被称为"压岁钱"。

诗与除夕

除夕守岁是我国人民传统风俗。古代有不少的文人墨客，常以"守岁"为题材赋诗，给后人留下许多脍炙人口的除夕诗。如唐太宗在《守岁》中写道："共欢新故岁，迎送一宵中"。

明代才子文徵明，在他25岁那年除夕，挥毫赋诗，一方面感叹："二十五年如水去，人生消得几番除。"另一方面又在勉励自己："人家除夕正忙时，我自挑灯拣旧诗。莫笑书生太迂腐，一年功事是文词。"
奋进惜时之意溢于诗行之间。

除夕守岁，辞旧迎新，更让人充满希望。北宋文学家苏轼的《守
岁》就表达了这种希望："欲知垂尽岁，有似赴壑蛇；修鳞半已没，去
意谁能遮？况欲系其尾，虽勒知奈何！……明年岂无年，心事恐蹉跎；
努力尽今夕，少年犹可夸。"诗人把飞逝的时光比作钻入洞穴的长蛇，
到除夕，犹如露出尾巴在外，想捉也捉不住了。但虽如此，作者仍勉励
自己，"努力尽今夕，少年犹可夸"。

如今，每年除夕，万家团圆，少了文人多愁善感，多了平安欢乐。
我们也不妨追忆过去的一年，展望新的一年，赋出一首奋进的诗，那是
多么令人惬意啊！

守岁诗

"年年岁岁花相似，岁岁年年人不同。"春节在古代诗人的笔下，
留下了许多广为传诵的诗句，如今品赏起来，仍然十分真切感人。

除夕之夜。家家户户点起明亮的蜡烛，男女老少欢聚在一起守岁，
苏轼诗："儿童强不睡，相守夜欢哗。"将除夕守岁的情景，欢聚守岁的
形态刻画得淋漓尽致。

"明年岂无年，心事恐磋跎，努力尽今夕，少年犹可夸。"这是大
诗人苏东坡有名的《守岁》诗，诗中可以看出，诗人在此强烈哀叹时光
飞逝，人生短暂。今读起来，仍能醒世警人。其中的"恐"字，分量很
重，反映了作者对社会的积极态度。

"今岁今宵尽，明年明日催，寒随一夜去，春逐五更来，气色云中
改，云颜暗里回，风光人不觉，已著后园梅。"这是唐代神童诗人史青
写的"守岁"诗。诗中一个"催"字，透露了作者自觉时间紧迫，不能
苟活的进取精神。

说起这首诗，还有一则有趣的故事。史青少年时，上奏唐朝的玄宗
皇帝：曹植七步作诗，我要比曹植更强，可以五步作诗。唐玄宗遂以

"守岁"为题，令史青作诗，史青果然在五步之内将诗作成，在场的人无不惊讶！

"相邀守岁阿咸家，蜡炬传红映碧纱，三十六旬都浪过，偏从今夜借年华。"这是唐代诗人徐振起写的"守岁"诗，诗中的"偏从"与苏东坡的"恐"字，有异曲同工之妙。

"天地风雪尽，乾坤气象和，历添新岁月，春满旧山河，杨柳芳容樨，松篁老态多，屠苏成醉饮，欢笑白云窝。"这是明朝诗人叶阘的"春节"诗，形象确切地概括了春节欢快的总基调，表现了诗人辞旧迎新、憧憬未来之情。

林则徐的除夕诗与《春词》

清政府在英国武力威逼下，签订了中英《南京条约》。条约中那些割地、赔款等耻辱性条文，引起了林则徐对祖国安危的极大忧虑，就在这年的除夕，他满怀忧愤地写下4首《壬寅除夕书怀》诗，其中的第三首是这样写的："流光代谢岁应徂，天亦无心判莞橘。裂碎肝肠怜爆竹，借栖门户笑桃符。新缘幡胜如争春，晚节冰柯也不孤。正是中原薪胆日，谁能高枕醉屠苏？"这首低吟当哭、荡气回肠的除夕诗，反映了林则徐在流放中对祖国前途的无限忧虑之情。正如他在这首诗的末尾两句所表达的那样：正是中国卧薪尝胆、发愤图强以雪国耻的时候，谁还能高枕无忧地饮酒作乐和欢度佳节呢？

《郑板桥轶事》记载，一天，郑板桥应邀与几位秀才一起春游，兴之所至，边欣赏春花美景，边吟成一首嵌满"春"字的《春词》："春风，春暖，春日，春长，春山苍苍，春水漾漾。春荫荫，春浓浓，满园春花开放。门庭春柳碧翠，阶前春草芬芳。春鱼游遍春水，春鸟啼遍春堂。春色好，春光旺，几枝春杏点春光。春风吹落枝头露，春雨湿透春海棠。又只见几个农人笑开口：'春短，春长，趁此春日迟迟，开上几亩春荒，种上几亩春苗，真乃大家春忙。'春日去观春景，忙煞几位春娘，头插几枝春花，身穿一套春裳，兜兜的春菜，篮里挎的春桑。游春闲散春闷，怀春懒回闺房。郊外观不尽阳春烟景，又只见一个春女，上下巧样的春装。满面淡淡的春色，浑身处处春香，春身斜倚春闺，春眼盼着春郎。盼春不见春归，思春反被春伤。春心结成春疾，春疾还得春方。满怀春恨绵绵，拭泪春眼双双。总不如撇下这回春心，今春过了来春至，再把春心腹内藏。大家里装上一壶春酒，唱上几句春曲，顺口春声春腔。满目羡慕功名，忘却了窗下念文章，不料二月仲春鹿鸣，全不念平地春雷声响亮。"由于技巧娴熟，所嵌70个"春"字自然流畅，不但无"重复"之病，而且生动、新颖，另有一番情趣。

元宵节

元宵节的来历

农历正月十五，是我国民间的传统节日——元宵节，又叫"上元节"、"灯节"。民间正月十五闹元宵，这是旧时农历新年的高潮，也是一年中最热闹的时候。每到正月十五晚，城乡到处灯火通明，宛如白昼。当你走进遥远的小山村，只见窗台上、马棚前、猪圈里、水井边、水缸里、十字路口、山坡上、丘陵上、马路边，到处都点着灯。儿童们手持大人们做的五彩缤纷的灯跳着、蹦着，跟随着扭秧歌，跑旱船、耍龙灯、舞狮子的队伍，欢歌笑语，好不热闹。元宵节起源很古。相传始于西汉，盛于唐、宋。早在两千多年以前，汉文帝（公元前180-140）靠周勃、陈平等人戡平"诸吕之乱"以后上台。文帝上台以后，博采群臣建议，广施仁政，救灾济贫，精心治国。使汉帝国又强盛起来。因为戡平之日是正月十五，所以，每到这天晚上，文帝就微服出宫与民同乐，以示纪念。"夜"在古语中又叫"宵"，"正月"又称"元月"，于是，汉文帝就把正月十五日这一天定为元宵节，这一夜就叫元宵。

张 灯

元宵节一到，人们便举烛、张灯、结彩，供人观赏、游玩，俗你灯节。元宵节放灯之俗始于汉朝。汉明帝永平年间（公元58-75年），皇帝亲自到寺院张灯祭神，以示对神佛的尊敬。到了唐代，元宵节放灯发展成盛况空前的灯市。唐玄宗时，每逢元宵，就命人在禁城之内大张灯彩。元宵节放灯，到了宋代十分热闹，并增加了十六、十七两夜，规模愈加盛大。明代的灯节依然可与唐、宋两朝媲美。清代末期，都市灯火的规模逐渐缩小，但农民舞灯彩的风俗却一直盛行。

元宵节放灯时间，汉朝仅在元宵节晚上，唐玄宗规定十四、十五、十六三个晚上，北宋延长到十七、十八共五个晚上，到了明朝朱元璋时，规定从正月初八晚开始张灯，延至十七晚落灯。唐代放灯时出现了杂耍技艺，宋代出现了灯谜，到明代，增设了戏曲表演。

扎花灯，在我国有着悠久的历史。花灯，又称"彩灯"，也叫"灯笼"。它是中国举世无双的精美艺术品。据记载：西汉以后历代都有制彩灯工艺。唐朝时，除了用彩灯照明以外，还可以做建筑艺术装饰。彩灯艺术经过历代能工巧匠的共同劳动，发展很快。在式样上有带穗的挂灯、美观的座灯、秀丽的壁灯、精巧的提灯、玲珑的走马灯等。在造型上有山水人物灯，还有花鸟虫鱼灯。常见的有羊角灯、老虎灯、熊猫灯、金鱼灯，以及富有民族色彩的龙灯、云灯、宫灯等，千姿百态、五彩缤纷。以人物造型的灯，塑造了人们熟知的历史人物。如"木兰从军"、"黛玉葬花"、"天女散花"、"嫦娥奔月"、"哪吒闹海"、"八仙过海"、"关公夜看春秋"、"李白醉酒"、"魏征斩龙"、"武松打虎"、"红娘送柬"、"游龙戏凤"等传统折子戏灯。这些灯都讲究轻纱重画、刻意求工、力尽精奇。到明清时，北京、南京等地的"灯市口"就是白天列市，晚上张灯的地方。并有供人猜测的"春灯谜"。满城观灯者拥挤在此，络绎不绝。在争奇斗艳的花灯中，有一种精妙绝伦的走马灯。它的发明至少在1500年以前。《荆楚岁时记》就有这方面的记载，并明确提到"灯以火运"。走马灯的奇妙在于自动化。由于灯罩的旋转、画在上面的马宛如在不停地奔驰，故为"走马灯"。《燕京岁时记》中描写的很清楚："走马灯者，剪纸为轮，以烛嘘云、则车驰马骤，团团不休，烛灭则顿止矣。"走马灯的关键部位，是放在蜡烛上方的一个纸轮。由于蜡烛燃烧，周围空气变轻而急速上升，引起灯内空气持续对流，这股热风推动风轮绕轴旋转，带动与轮轴联在一起的灯罩"拥骑飞绕"。李约瑟博士在其巨著《中国科学技术史》中认为走马灯是中国古代人民的一项重要发明。

彩灯作为传统的民间艺术，一直延续到今天，但今天的灯，一般都用电灯取光。我国各地花灯品种繁多，格调各异，工巧优美，光彩熠熠。

吃元宵

元宵节，我国民间都有吃元宵的传统习俗。元宵又名"汤团"、"圆子"、"浮圆子"。取其圆形圆音，寓意全家人团圆、平安、吉利、美满。据考证，元宵的历史可追溯到1500多年前。南朝《荆楚岁时记》里就有"正月十五作豆糜加油膏"的记载。隋朝时，隋炀帝为了粉饰太平，有一年从正月十五开始，在京城洛阳搭了十里高台戏棚。当时供演员和乐师吃的夜点就叫"元宵"。南宋时，元宵传到明州（今浙江宁波）一带，当地人称之为"汤团"。至今仍有北方称"元宵"，南方称"汤团"之分。在宋朝的笔记《岁华忆语》中说：十五日元宵节这一天，至夜要供元宵。元宵是用米粉果糖制成的。宋代诗人姜白石诗曰："贵客钩帘看御街，市中珍品一时来；帘前花架无行路，不得金钱不肯回。"诗中的珍品即指元宵。可见当时的元宵已经是清香宜人，香甜可口，而且价格很昂贵了。

元宵从制作上分为两种：一种为实心、不带馅儿的，另一种是带馅的。它通常以芝麻、白糖、枣泥、豆沙、果仁等为馅。也有用虾仁、菜泥、鲜肉、火腿为馅的。有香、甜、辣、酸、咸五味。它可带汤吃、炒吃、油氽和蒸吃。煮元宵最重要的是善于用火。俗话说，"滚水下，慢火煮"。首先要用旺火把水烧开，然后将元宵下锅，并用勺子徐徐使锅内元宵旋转不粘锅。待元宵浮起，再改用慢火煮。在煮的过程中，可以加些凉水，保持似滚非滚状态。炸元宵的做法是将油烧至七、八成开下元宵，用勺沿锅底推动几下，三、五分钟后元宵绷皮，用漏勺捞出，用手勺轻轻拍打，使元宵松软排气，防止爆裂烫人，然后再下油锅炸第二

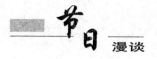

遍至金黄色即可。炸元宵的油不宜过热，以防外焦里不熟。

元宵猜灯谜

灯谜，是我国艺苑中一种独特的文学艺术形式。每到重大节日，尤其是元宵节期间，各地的游乐园、文化宫、俱乐部都少不了猜灯谜这个游艺项目。"一时欢乐一时愁，想起千般不对头。如若想得千般到，自解忧来自解愁。"这首诗就是一个谜语，它的谜底正是"猜谜"。

猜灯谜，在我国有着悠久的传统。南宋时期，都城临安每年元宵节放灯，一些好事之人把诗谜条系于五彩缤纷的花灯之上，供人猜射。这时，文义谜语也就成了"灯谜"。首先是在官宦士大夫阶层兴起，后来渐渐普及到民间。每逢灯节，制谜猜谜者异常众多，内容也颇为生动活泼。从南宋到清朝500年间，一直方兴未艾。古时灯谜的谜面多用成语或诗句。如"绝代佳人"（打左传句一）——"美而无子"；"辞家见月两回圆"（打四书句一）——"望望然去之"。或用一般俗语做谜面，如"人在人情在"（打诗经句一）——"逝不相好"。有的谜面和谜底字字紧扣，如"焉哉乎也"（打四书句一）——"失之者鲜矣"。

猜谜语的方法很多，但归纳起来主要是增损离合法、会意别解法、象形比喻法、分析综合法四种。除此之外，还有拟人法、拟物法、故事法、借代法、连环法、排比法、反射法、折合法等。谜语除了一般的猜法外，制谜者往往还要在谜面上注明用什么格，以揭示和启发射猜者思考的方式。谜语在我国历史悠久，谜格多达几百种，名目繁多，不胜枚举。流传最广而至今还广泛使用的有：秋千格、卷帘格、求凤格、徐妃格、白首格、粉底格、谐音格、折腰格等等。现在，谜语已成为我国独有的富于民族色彩和风格的一种文艺形式和文艺活动项目了。

元宵耍龙灯

耍龙灯也叫"龙舞"、"龙灯舞"，是汉族传统舞蹈形式之一。每逢喜庆节日，尤其是在元宵节期间，各地都有耍龙灯的习俗。我国古代劳动人民为寄托美好愿望而创造了龙的形象。相传，古人把龙、凤、麒麟、龟称为"四灵"。人们把"龙"作为吉祥的化身，代表着风调雨顺的意思。早在殷商时代，铜器和骨刻上就有龙形图案。周代铜器的龙纹已渐趋完整。我国民间的龙舞流传历史悠久。据《春秋繁露》记载，它起源于汉代，经历朝而不衰。唐宋时期的"社火"、"舞队"表演中，"耍龙灯"已是常见的表演形式。

民间耍龙灯，龙的形象各有特色，一般用竹、木、纸、布扎成龙头龙尾和一节节龙身，节数不等，但均为单数。每节内燃蜡烛的称"龙灯"，不燃蜡烛的称"布龙"。此外，还有用荷花、蝴蝶组成的"百叶龙"、用长板凳拼成的"板凳龙"等各种形式的龙舞。如今的龙灯，一般可分为三种：第一种是看龙，它讲究装饰，通常有13节至17节，"龙衣"有用布绘上彩鳞的，也有用绸锻加以刺绣的，特别讲究"龙头"，它专供观赏；第二种是舞龙，它和看龙在形式上无多大差别，但制作远不及看龙精致，耍舞龙的能上能下，左右旋转；第三种是龙灯，也有13至17节，是用竹笼糊上透明面筋纸，竹笼里点上蜡烛，在夜间翩舞犹似火龙，又像是"穿花灯"，由于没有"龙衣"牵连，耍时要求循环连贯。解放前，民间每逢正月十五，有的地方就要"出龙会"，欢度元宵节。据清道光年间出刊的《沪城岁事》记载，当时上海元宵节龙灯的形状是"游手环竹箔作龙状，蒙红帛，绘龙麟于上，有首有尾下承红木柄旋舞。街巷前导为灯牌，必书'五谷丰登、官清民乐'。"不论那种龙灯，都配以篾编珠球一颗。有的地方闹元宵，各路龙灯汇集竟达百余条，队伍长达两、三华里。每条龙灯还伴有"十番"锣鼓，声闻十里。赶往观看的农民，十分踊跃。民谚中有"锣鼓响、脚底痒"的说法。耍龙灯的表演，各地风格不一，各具特色。耍龙节的主要侧重于花样技巧，较常见的动作有：蛟龙漫游、龙头钻裆子（穿花），头尾齐钻，龙摆尾和蛇退皮等。耍龙中，不论表演那种花样动作，表演者都得用碎步起跑。耍11、13节龙的，主要表演蛟龙的动作，就是巨龙追捕着红色的宝珠飞腾跳跃，忽而高耸，似飞冲云端；忽而低下，像入海破浪，蜿蜒腾挪，煞是好看。

元宵舞狮子

舞狮子，也叫"耍狮子"、"狮子舞"，是我国优秀的民间艺术之一。同时，也是一种流行很广的、传统的民间体育活动。每逢春节、元宵节，在我国辽阔的土地上，从城市到农村，都有舞狮子的习惯。舞狮，民间一般由两人合作扮一头大狮子（有的地区称太狮），一人扮作一头小狮（有的地区称少狮），另一人扮武士、手拿绣球作引导，并先开拳踢打，以诱引狮子起舞。狮子随着鼓点的轻快慢重摇头摆尾，千姿百态，妙趣横生。在模仿动作上有舔毛、擦脚、搔头、洗耳、朝拜、翻滚等动作；在技巧上有上楼台、过天桥、跨三山、出洞、下山、滚球、吐球、踩青等。

清明节的来历

每年四月五日前后，是我国的一个传统节日——清明节。

清明时节雨纷纷，

路上行人欲断魂。

借问酒家何处有，

牧童遥指杏花村。

唐代诗人杜牧的这首咏清明的诗，语言隽秀，情景交融，生动地描绘了古代江南的清明风景，多少年来，成为脍炙人口的佳作。

我国的清明节含两层意思，一是指节气，二是指节日。从节气来说，清明是二十四节气之一。二十四节气是我国古代劳动人民根据太阳在黄道上的不同视位而定的。古人把黄道附近一周天平分为十二次，太阳运行到某次就为某节气。由于它较客观地反映了一年四季气温、降雨、物候等方面的变化，所以古代劳动人民借助它来安排农事活动。《岁时百问》说："万物生长此时，皆清洁而明净，故谓之清明。"清明一到，气温回升，雨量增多，冻地化开，正是春耕春种的大好季节。劳动人民根据节气的迟早安排农业，进行耕种。北方有"清明忙种麦，谷雨种大田"的农谚。江南有"清明谷雨两相连，浸种耕田莫迟延"、"清明前谷，种瓜点豆"、"植树造林，莫过清明"的农谚；华北有"清明早、立夏迟、谷雨种棉正当时"的农谚。可见，在农业生产上，清明是一个很重要的节气。节气与节日不同，节气是时序的标志，而节日则包含着某种风俗和纪念的意义。二十四节气中，俗演为节日的只有清明。那么，"清明"又是怎样演变为祭祀节日的呢？

据《荆楚岁时记》称："去冬节一百五日即有疾风甚雨，谓之寒食，禁火三日。"以此推算，寒食在清明前一天，因为寒食和清明日子相近，而古人在寒食中的活动又往往延续至清明，久而久之，寒食和清明也就没有严格区分了。到现在，人们已把清明和寒食并称。清明时节，春光明媚，桃红柳绿，草木萌动，生机勃勃，一片清明景象，是人们踏青游春的好季节。在古代，到了清明节，人们有禁火寒食、上坟扫墓、踏青春游的习惯，还开展诸如斗鸡、打球、荡秋千之类的体育活动。民间还有"清明不戴柳，红颜成皓首"的谚语。可见，戴柳也是清明习俗之一。在南方一些地方，清明不仅是农事的一个节令，也是一个富于诗意的节日。如今，清明节成了我们纪念先烈，缅怀英雄业绩，为祖宗扫墓的日子。

清明成为节日，始于春秋。据史相传，春秋时期，晋国公子重耳被晋献公的宠妃骊姬迫害，带了一批人马逃亡在外，颠沛流离19年。随行的臣子介子推，忠心耿耿。有一次，重耳想吃肉荤而不可得，介子推竟然暗自割下自己腿上的肉煮给重耳吃。后来重耳回国做了国君即晋文公。在赏赐有功之臣时，竟一时疏漏了介子推。后经别人提醒，晋文公懊悔不已，忙召介子推进宫受封。孰料介子推不贪富贵荣华，竟带着老母隐居凤阳县绵山（今山西省介休县东南），过着清贫的生活。晋文公派人满山寻找，终未能见。正当晋文公一筹莫展，有人献计说：介子推是个孝子，若放火烧山，他为救母亲，一定会背着老母下山的。于是，晋文公便下令烧山。介子推还是不出山，结果发现介子推与其母相抱死于枯柳树下。晋文公万分悲痛，为了纪念他，在绵山立庙祭祀，改绵山为介山，凤阳县改封介休县，并下令每年在介子推遭焚之日，全国禁火

三日，家家吃干粮冷饭，喝凉水，因其死于火，不忍举火，为之冷食，"以志吾过，且旌善人。"

寒食清明与风俗

清明节，也称寒食节，是古人为纪念故去亲人而确定的节日，流传数千年，留下许多诗篇。清明节习俗颇多，有的习俗还沿袭至今。一为上坟扫墓的习俗。南宋诗人高菊卿，在其《清明》诗中，曾写有"南北山头多墓田，清明祭扫各纷然。纸灰飞作白蝴蝶，泪血染成红杜鹃"的诗句。此诗反映出了古人清明扫墓的情景与心情。看来扫墓之风，在古时是十分盛行的。如今，每逢清明，人们都到亲人墓前或烈士陵园祭扫，以寄托对亲人的哀思，缅怀先烈的业绩。

二为在坟上植树的习俗。坟地有了墓堆之后，在墓旁植树作标志之风十分流行。有诗为证：'松柏冢累累。'（汉乐府《十五从军》）、"垄树久苍然"（岑参《故仆射裴公挽歌》）。

三是"插柳"的习俗。我国久有清明插柳之习俗。清明在门楣上插柳，从春秋战国开始，在唐代已很盛行。清明插柳，其意义有四：清明日，家家以柳条插门上，为的是祈求吉祥，借此以记年岁。宋赵元镇就写有"寂寂柴门树落里，也教插柳纪年华"的诗句，以此作为已祭过祖先的证据，借以从大自然汲取青春和力量。民谚云："清明不戴柳，红颜成皓首。"有的地方清明这天，青年妇女把杨柳枝戴在头上，认为这样做可使红颜不老。

四是踏青的习俗。踏青，也叫探春、寻春、游春。此习俗古已有之，始于汉，而盛于唐、宋。唐代诗圣杜甫，在其《绝句》中，即写有"江边踏青罢，回首见旌旗"的诗句，并在其《清明》诗中，描绘了踏青春游的盛况："著处繁花务是日，长沙千人万人出。渡头翠柳艳明眉，争首朱蹄骄啮膝。"宋代著名的风俗画长卷张择端的《清明上河图》，更为我们留下有关北宋首都清明节出游盛况的形象记录。

五是开展丰富多彩体育活动的习俗。杜甫写有"十年蹴鞠将雏远，万里秋千习俗同"的诗句；《天元天宝遗事》中还有清明节举行斗鸡、打球等比赛的记载。《梦梁录》中还说，清明之日，"又有龙舟可观，都人不论贫富，倾城而出，虽东京金明池未必如此之佳。"上述拔河、蹴鞠、打球、斗鸡、荡秋千、放风筝、赛龙舟等体育活动，可见在当时已开展得相当普遍了。

六是清明淘井的习俗。人们认为，清明淘井，可使水清明。这倒是个讲卫生的好习惯。

端午节

端午节的来历

农历五月初五，是我国传统的端午节，又称端阳节、重五节、重午节。"端"即事物的边缘或开始的意思；"午"是十二地支之一，由于"五"与"午"同音，这样五月五日就作为"端午节"了，又因为"午月"和"午日"两个"午"字重复，所以又叫"重午"。古人常把"午时"当做"阳辰"，于是端午又谓"端阳"。到了唐代，因唐玄宗八月五日生，宋景为讨好皇帝，避讳"五"字，将端五正式改为"端午"。

每到端午节这一天，民间有吃粽子、划龙船等习俗，在民间传说中，普遍认为这与纪念屈原有关。相传战国的时候，楚国著名爱国诗人屈原，看到楚国屡遭秦国的侵略，人民痛苦不堪，他站在楚国人民的立场上，为使国家免于覆亡，坚决主张联合齐国，对抗秦国。楚怀王不接受屈原大夫联齐抗秦的主张，被张仪骗到秦国软禁，逼他割地献城。楚王又羞又悔，忧虑成疾，不久便死于秦国。这消息传到楚国，忠贞的屈原悲愤欲绝，上书新即位的顷襄王，望其近忠远奸，选将练兵为怀王报仇。谁知顷襄王宠信奸佞，将屈原削职流放。秦国一看时机成熟，便于公元前278年，出兵攻下楚国的郢都。楚国失地千里，百姓尸横遍野。屈原眼见自己的祖国被侵略，而自己救国无望，美好的理想化为泡影，心如刀割，在极端忧郁、悲愤、绝望、满怀热情不得舒展的情况下，於公元前278年农历五月初五投汨罗江身死，以自己的生命谱写了一曲壮丽的爱国主义乐章。当地渔民闻讯迅速驾舟赶来打捞，可总不见屈大夫

的身影。百姓为了避免屈原尸体被江里的鱼龙所伤，便纷纷把粽子、咸蛋投入江中喂鱼龙。一个老医生拿来一坛雄黄酒倒入江里，说要药晕鱼龙。一会，水面果真浮起一条晕龙，龙须上还沾有一片衣襟。人们就把这恶龙拉上岸，剥了皮，抽了筋，解除心头之恨。然后把龙筋缠在孩子们的手腕和脖子上，又用雄黄酒抹七窍。使那些毒蛇害虫不敢伤害像屈原一样心灵贞洁的孩子们。

赛龙舟

端午节赛龙舟是我国一项历史悠久的水上竞技活动。据《事物原始·端阳》记载：赛龙舟"起于越王勾践"。闻一多先生考证：古代吴越民为表示他们"龙子"的身份，以巩固自身的被保护权，所以有断发纹身的习俗。在每年的五月初五划着刻画成龙形的独木舟，在水上作竞渡的游戏，给图腾神，也给自己取乐。每到端午时节，尤其是在南国水乡，都有龙舟竞渡的盛会，它富有蓬勃向上的竞技精神。

在汨罗江畔，每年端午都隆重举行竞渡仪式。人们穿着新装，扶老携幼，先到屈子庙朝拜，还抬着龙头祭庙；祭毕才开始龙舟竞渡。是时，群龙一齐下水，一声炮响，船似箭发，两岸欢呼，鞭炮齐鸣，真是热闹非凡。

吃粽子

端午时节，家家户户吃粽子。粽子又称"角黍"，"筒粽"。角黍是因粽子形状有棱有角，内裹糯米而得名；筒粽是因最初的粽子用竹筒贮米烧煮而成。

端午节吃粽子的风俗，在魏晋时代已经盛行。西晋人周处所撰的《风土记》中记载："俗以菰叶裹黍米，……煮之，合烂熟，于五月五日至夏至啖之，一名粽，一名角黍。"李时珍在《本草纲目》也有类似记载："俗作粽。古人以菰芦叶裹黍米煮成尖角，如棕榈叶心之形，故曰粽、曰角黍。还多用糯米矣。今俗五月五日以为节物相馈送。"到了唐宋时代，粽子已成为节日和民间四季出现于市场的美味食品。唐代诗人郑谷"诸闹渔歌响，风和角粽香"的诗句，反映了当时吃粽子之普遍。

唐明皇吃了一种"九子粽"之后也赞不绝口，"四时花竞巧，九子粽争新。"古城长安有专门制作经营粽子的店，且技艺也相当高。当时粽子馅已有多种果仁，其味比只有黍米好多了。到了宋代，市场上有"巧粽"出售。还有"艾香粽子"，是用艾叶浸米做的。陆游的"盘中共解青菰粽，哀甚将簪艾一枝"指的就是"艾香粽子"。明弘治年间，用芦叶裹粽子。粽馅也多了，有蜜糖、豆沙、猪肉、松仁、枣子、胡桃等等。到了乾隆年间，林兰痴《邗上三百吟》中有"火腿粽子"一条。这种粽子流传至今。

时至今日，粽子经过千百年来的发展，品种越来越丰富多彩。从用米上看，大体可分为三类：一是纯米粽子，陕西人叫"蜂蜜凉粽子"；二是有馅的粽子，即依不同地区的习俗，有豆沙、枣泥、芝麻等馅心；三是夹果粽子，一般以枣、栗、柿、银杏等分别与糯米包裹而成。粽子还有南北之分。江南粽以宁波，苏州等地的最负盛名，其馅心多为豆沙、枣泥、咸肉、火腿、油脂等。北方以北京江米小枣粽子为佳，其馅心以小枣果脯等最为常见。各地粽子有三角、四角、枕头形的，还有形若小宝塔的。粽子还由华侨远传国外，成为中华传统的象征之一。

挂艾枝

民谚："清明插柳，端午插艾。"人们把挂艾和菖蒲作为端午节的重要内容之一。端午节是我国民间传统的卫生节，每到这一天，人们就要洒扫庭院，清腐除尘，采艾蒿悬于户上，并用艾叶、菖蒲、大蒜烧水洗脸、洗澡和喷洒房屋前后、墙根角落。据民间传说，这样可以避邪御鬼，确保全家平安，老幼康健，祛病消灾。

喝雄黄酒

旧时，每逢端午节家人团聚时，爱喝杯雄黄酒，以示庆贺。我国民间有"早端午，晚中秋"之说，古人以为辰属龙，辰时正是群龙行雨之时，故在端午节早晨设雄黄以饮祈雨，希望有个风调雨顺、五谷丰登的好年景。有的地方在端午清晨，人们还喜欢把雄黄酒或雄黄水洒在屋子里外，涂在小孩耳鼻、头额和面颊上，以避除毒虫、蚊蝇叮咬、驱散瘟疫毒气。其实，雄黄酒虽有以上功效，却是严禁乱服用的，因为雄黄酒内服后，被体内器官吸收，可导致中毒。而且发现有较强的致癌物质，即使小剂量服食，对肝脏也有害。

各地端午风俗谈

挂钟馗像

在陕西南部与四川交界的一些地方，端午这天，流传挂钟馗像的习俗。传说钟馗是能打鬼的神，把钟馗画像贴在门上，可以驱除邪祟。

挂蒜头、石榴花

端午期间，挂菖蒲艾蒿，这已是南北城乡的习俗，可在江西、安徽相邻的部分地方，端午这天，家家门前悬挂蒜头，有的挂石榴花"赶鬼除菌"。蒜的气味辛烈；石榴花五月盛开，是"天中的五端"之一。

迎鬼船

江西南边的部分地方，流传迎鬼船的习俗。因为这一带水浅，不能进行龙舟赛；故在五月初五这天，用纸扎成旱船，带着登高、游街，谓之"迎鬼船"。

滚鸡蛋

东北端午节清晨，长者要将煮熟的鸡蛋，在小孩子肚皮上来回滚动，尔后去壳让小孩子吃下，据说这样可以免除肚子痛。

破火眼

南京城乡，都有"端午破火眼"的习俗。这天早上，家家户户在一碗清水里放少量雄黄，丢进两枚铜钱，全家用此来洗眼，据说此举可防眼病。

剪彩葫芦

福建部分地方，端午有"剪彩葫芦"的习俗，各家用彩纸剪成葫芦状，倒贴于门，意将"毒气倒出之意"，"午后取而弃之"。

佩香囊

江南部分地方，有"佩香囊"的习俗，内装香料，赐给恋人，表示忠贞之心。

赐香扇

长江下游部分地方，流传着端午赐扇习俗，未婚青年男子，在送"粽阳礼"的同时，要送最宝贵的扇子给情人，过去的是羽毛扇，现在花样较多，有绸扇、羽绒叠扇、檀香扇等。

中秋节

中秋节的来历

农历八月十五，是我国民间传统的节日——中秋节。在我国古代，人们把农历每季的三个月和每月的三个十天，分别称为孟、仲、季。因为农历八月十五既居秋的正中，所以称"仲秋"。"仲"即居中的意思，而八月十五居秋季之中，又居"仲秋"之中，故称为"仲秋节"或"中秋节"。这时因为月色倍明于常时，所以，又称为"月夕"。我们知道，月亮本身是不会发光的天体，它是靠反射太阳光并不断地发生有规律的形体变化，而被人们注意和看重的。当月球背向太阳的一面转向地球时，我们就看不见，这就是阴历初一，称为"朔"。当月球被太阳照亮的一半转向地球时，我们便看见了圆月，这就是阴历十五，称为"望"。中秋节正当秋分，太阳差不多是直射到月亮朝地球的一面，月亮看起来显得又圆又亮。"独在异乡为异客，每逢佳节倍思亲"。中秋之夜，独在异乡旅居的人，自然会想到家人的团聚，所以，中秋节也叫"团圆节"。

不过，汉代的秋节定在立秋之日。这天，王者出猎，以所获祭宗庙，叫做驱之祭。到了唐时，各种类书中备载四时十二节令，单单没有中秋故事。可见唐以前还不以中秋为节。而在宋人的笔记之中，中秋的记载就屡见不鲜了。宋代的中秋节，"贵家结锦台榭，民间争占酒楼"，就是贫穷的市民，也"解衣市酒，勉强迎欢"。这天晚上，"闾里儿童，连宵嬉戏。夜市骈阗，至于通晓"。从此，中秋节成为我国一个大节日。

关于月亮的神话，如嫦娥、吴刚的传说，在上古就已产生。以后，人们渐渐地把月亮和中秋月结合在一起，出现了唐明皇中秋游月宫等故事，唐诗中也有了"八月中秋月正圆"，"平分秋色一轮满"等诗句。人们把世间的悲欢离合，与月亮的阴晴圆缺联系在一起，圆而无缺的中秋月，成为亲人团聚的象征。

不仅如此，人们还制出圆如明月的月饼，作为祭月的供品。

中秋赏月

以往，我国民间祭月、赏月的风俗很多。据唐人《玩月诗》序言中记载：冬天寒冷，不宜于户外赏月；夏季，天空常有浮云，月色的光辉被遮住；只有秋高气爽的中秋，才是赏月的好时机。每到中秋佳节这一天，夜暮降临，玉兔东升，千家万户便在庭院、楼台、地坪摆起月饼、瓜果、毛豆枝、鸡冠花、芋头、花生、萝卜、藕等礼品祭月。待到月儿当空，一家人还在清澈的月光下赏月叙谈，分享祭月礼品。

中秋吃月饼

中秋佳节，我国城乡乃至海外侨胞，均有吃月饼的习俗。这也是中秋节的习俗特色。"八月十五月正圆，中秋月饼香又甜"（民歌）。每逢中秋佳节，吃月饼同时能够知道月饼的产生和袭沿，讲上一段给家人听听，一定会给节日增添气氛。

月饼，在很早以前叫小饼或甜饼。它原来是祭祀月神的供品之一。"月饼"一词最早见于南宋吴自牧的《梦粱录》。不过，唐宋时期的月饼只是像菱花饼一样的饼形食品。北宋诗人苏东坡曾有："小饼如舞月，中有酥和饴"的诗句，那时的小饼与现代的酥皮月饼很相似。到了明代《西湖游览志余》有了对月饼的描述："八月十五谓之中秋，民间以月饼相遗，取团圆之义。"明《酌中志》说："八月，宫中赏秋海棠、玉簪花。自初一日起即有卖月饼者，……至十五日，家家供奉月饼，瓜果……如有剩月饼，仍收整于干燥风凉之处，至岁暮分用之，曰团圆饼也。"到了清代，关于月饼的记载就更多了。《燕京岁时记·月饼》叙述："中秋月饼，以前门致美斋者为京都第一，他处不足食也。至供月饼到处皆有，大者尺余，上绘月宫蟾兔之形。"

不过，在我国民间关于月饼的传说，却来自元朝。据说，在元朝末期蒙古族贵族统治者残酷地压迫、剥削和奴役人民，而又怕人民起来造反，老百姓家里不准有金属器具，就连菜刀也是几户人共一把，引起人们的强烈不满和反抗。当时的农民领袖朱元璋组织农民起来反抗，为了传递秘密通知，在月饼里夹一张字条，约定农历八月十五为起义时间，到中秋之夜，家家掰开月饼，看到传单就一起动手，造反起义，推翻了元朝的统治。从此，每到中秋节，人们都要吃月饼，用以纪念这一人民群众的斗争节日。

中秋习俗有奇趣

农历八月十五是中国的传统节日中秋节。在中秋节，除人们熟知的把酒赏月，分食月饼等习俗外，还有许多鲜为人知的奇趣。

走月图

水乡苏州，中秋之夜姑娘们身穿时髦的衣服，在明月清辉里，三五成群，走街串巷，拜亲访友，以寓月圆人亦圆之意，形成一幅韵味别致的"走月图"。

跳月亮

云南阿细族在中秋之夜，一个个束腰披纱的姑娘和头缠布带的小伙子都满怀激情在月亮下载歌载舞，初恋男女在月光下对歌表达爱慕之情。

踏月色

广西侗族在中秋晚上，各山寨的芦笙歌舞队踏着月色赛歌赛舞。寂静的山林中乐声震耳，歌声四起，舞姿婆娑，尽情欢乐。

偷月果

湖南侗族姑娘打着花伞，借着月光摘瓜采果，希望月宫仙女为她们牵红线，托月做媒。若能摘到一个并蒂瓜果，就预示着两人相亲相爱，结百年之好。

静听月

在东北流传着听月习俗，中秋之夜，皓月当空，全家人围坐一起，静听玉兔捣药、嫦娥起舞之声，一直持续到天明。

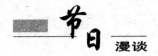

祭月娘

居住在黑龙江的赫哲族，每逢中秋都要用葡萄、梨等礼物祭月。相传赫哲人曾有一名姑娘因受不了婆婆虐待而到江边向月亮求援，最后到了月亮上。祭月活动寄托着人们对那位月娘的思念之情。

拜月礼

云南傣族地区和广东潮州一些地方，每逢中秋之夜，置一方桌，上设瓜果饼食等供果，候月亮东升时，轮流跪拜，行完"拜月礼"，然后围坐在一起吃饼赏月，直到夜色阑珊。

求月老

广东东莞一带，人们认为，中秋之夜是月老与少男少女做媒的时辰，未娶妻室的男子三五成群地等到三更时分在月下烧香燃烛，乞求月老为其牵红线。

唱月饼

山东一些地方中秋之晚，家家户户做月饼。当明月初升，每家都把做好的月饼放在麦秸编成的圆垫上，让孩子们端到街上唱"唱月饼，赛月饼，来年更盼好年景！"孩子们一边唱一边互相品尝。

办歌墟

广西中秋有办歌墟的风俗。相传广西某地有个老者有三个女儿，求亲人多，约定对歌的时间正好中秋节。故每到中秋，广西都要办歌墟，青年男女互相对歌，互诉衷情。

吃锅菜

我国一些侗族聚居地，中秋之夜在明月下煮一大锅没盐的菜，大家一起围着吃，一起欢度中秋，据说为了纪念一位传说中的厨师。

舞草龙

安徽一些农村，中秋节晚上孩子们利用稻草扎成的长龙，外面糊上色纸，插满蜡烛，敲锣打鼓，舞着草龙，走街串巷。

堆宝塔

江西赣南的儿童每逢中秋，用砖和瓦堆成六层宝塔，中间空。并在旁边安置小桌一张，上供水果月饼。到晚间塔内塔外点上灯烛，灿烂的灯光与天上明月争辉。

中秋赏明月　咏月诗更美

"月到中秋分外明"。月亮，以其皎洁光辉，娟秀姿影，曾激起多少诗人的灵感，并发出万千诗情啊。

咏月诗词在我国浩如烟海的诗文中，可说是俯拾即是，北宋王安石的"春风又绿江南岸，明月何时照我还"，充满了深切的怀念的情绪；北宋晏殊的"梨花院落溶溶月，柳絮池塘淡淡风"，则是一幅养尊处优、悠闲恬淡的图画；杜甫的"露从今夜白，月是故乡明"，真切点出了游子的思乡之情；诗人张九龄的"海上生明月，天涯共此时，情人怨遥夜，竟夕起相思"，表达了诗人望着圆月，思念远方亲人的感情；孟浩然的"野旷天低树，江清月近人"，具有哲理的趣味；南宋岳飞的"好山好水看不足，马蹄催趁月明归"，则描绘了一个爱国将领戎马倥偬的雄姿；汉朝曹操有"明明如月，何时可掇"的忧叹；唐代李白的"明月出天山，苍茫云海间"，更使人过目难忘。写咏月诗词，当推诗仙李白，他似乎和月亮结下了不解之缘，如"花间一壶酒，独酌无相亲"，"举杯邀明月，对影成三人"，还有"俱怀逸兴壮思飞，欲上青天揽明月"，要超过曹操，去攀登明月了。

宋代苏东坡的"我欲乘风归去，又恐琼楼玉宇，高处不胜寒"，想起了月亮上的低温和寂寞；明朝杨慎的"明月中天，照意长江万里船，月光如水，江水无波，色如天连。垂杨四岸净无烟，沙禽几声惊相唤，丝缆停牵，乘风直银河边"，充满了诗情画意。

在浩如烟海的咏月诗作中，尤以"八千里路云和月"（岳飞）的雄奇浓厚和"遥望洞庭山水翠，白银盘里一青螺"（刘禹锡）的明快淡雅；"星垂平野阔，月涌大江流"（杜甫）的精当刻画和"但愿人长久，千里共婵娟"（苏轼）的哲理阐发，受到人们的喜爱。这一首首月光吟，如一面面光洁的明镜，既映照出诗人的磊落襟怀，又折射出作者世界观的

斑驳阴影。

中秋赏月佳联

文人雅士往往对月凝视，步月思怀，给我们留下了不少佳句。"十口心思，思君思民思社稷；八目尚赏，赏风赏月赏秋香。"这是粤剧《三笑姻缘》中华太师和唐伯虎对句的上下联，属顶针格拆字联，构思精妙，比喻恰当，文义通畅。江苏扬州瘦西湖小金山岛的"月观亭"，供游人月夜观景。有年中秋，清代诗、书、画家郑板桥游于此，手书一联："月来满地水；云起一天山。"这联即景，形象贴切，充满诗情画意。为瘦西湖增添了秀丽的风景。

明末清初文学批评家金圣叹，一次在一家寺院闲住。老和尚出联曰："三更半夜三更半。"金圣叹见到月明镜圆，想到此时正是中秋，便对曰："八月中秋八月中。"此乃时间对时间、数字对数字的回环对，老和尚甚为敬佩。

从中秋到除夕

从前，有几个秀才常常在一起吟诗作对，这年中秋，他们又聚会了，共同赏月，一边吃着月饼，喝着香茶，一边谈论着。有一位秀才出了个对子让大家对：

天上月圆，人间月半，月月月圆逢半月

这是即景生情，却很巧妙地将人间天上联系起来：每月月圆时，人间的日子都是十五日，正好为一月之半。

秀才们抓耳挠腮，直到深夜，吹起阵阵凉风，还没对上。大家只好作罢，各自回家睡觉去了。

转眼间，到了年底。除夕之夜，几个秀才又聚会了。不知哪位秀才提醒大家，中秋的对子还没对上呢！原来出联的那个秀才，突然灵机一动，以除夕过年为题，对出下联：

今夜年尾，明日年头，年年年尾接年头

大家拍手称妙：今年除夕是年尾，明日初一是年头，除夕过了就是初一，年年如此。

重阳节的来历

农历九月初九，是重阳节。我国古代以六为阴数，九为阳数。九月初九正好是两个阳数重合，称为"重阳"，也叫"重九"。九月重阳，天高云淡，金风送爽，五谷飘香。我国素有重阳登高，赏菊、喝菊花酒、插茱萸等习俗。重阳节的起源，最早可以推到汉初。汉高祖刘邦的爱妃戚夫人被吕后惨害后，侍候戚夫人的宫女贾某也被逐出宫，嫁与贫民为妻。贾某传出：在皇宫中，每年九月初九，都要佩茱萸、食蓬饵、饮菊花酒，以求长寿。《齐人月令》中说："重阳之日必以糕酒登高眺远，为时晏之游赏，以畅秋志。酒必采茱萸甘菊以泛之，既醉而还。"《武林旧事》记载："南宋宫庭，于八日作重阳排当，以待翌日隆重游乐一番。"明代皇宫初一起吃花糕，九日重阳，皇帝亲自到万寿山登高。此风俗一直流传到清代。如今，重阳之际，已成为人们郊游登山，丰富生活的黄金季节。

重阳登高

金秋九月，山清云淡，秋高气爽。登山远眺，妙趣无穷。

重阳节登高风俗，相传始于东汉。梁朝吴均《续齐谐记》中说：在古时候，汝南县有个叫恒景的人，跟随长房游学多年。一日，长房对恒景说："九月九日你们家要有大的灾难，应该回家，让家人都做一个袋子，里面装上茱萸，把它系在胳膊上；然后去登高，饮菊花酒，就可逢凶化吉了。"恒景按照长房的话去做，带领全家人登山游玩。到了晚上回家看见鸡、狗、牛、羊一时间都暴然死去。长房听后说："这是由这些动物代灾了。"东汉年间，这个故事传开，从此，每逢农历九月初九，人们为取吉利和避灾消祸，长寿不老，登高的风俗也就兴起来了。古往今来不少诗人词客都曾以重阳登高作为赋诗作词的内容。唐代诗人王维

《九月九日忆山东兄弟》，是一首脍炙人口的诗："独在异乡为异客，每逢佳节倍思亲；遥知兄弟登高处，遍插茱萸少一人。"诗中写出重阳插茱萸的习俗，写出佳节的身处异乡客地的兄弟相念之情。第二句后来变成了一句成语，广泛地被人引用。现在已经没有人再在重阳节佩戴茱萸了，但佳节思亲，我们的心情和当年的王维是相同的。

重阳赏菊

重阳赏菊是我国古时就有的习俗。菊花，不仅以她的娇容姿色，千姿百态令人倾慕，而且更以其傲然性格，刚强气质令人折腰，置身于霜寒月冷中仍姿容不改，而且开的更加茂盛、鲜艳。所以人们爱菊、赏菊、敬菊、赞菊，文人以菊咏志、咏菊抒怀的名篇佳作悠悠不断，脍炙人口。

"腊八节"的由来

每年农历腊月（十二月）初八，是"腊八节"。

在我国远古时期，"腊"本是一种祭礼。人们常在新旧交接时，用猎获的禽兽来举行大祭，以祈福求寿、避灾迎祥。当时，"猎"、"腊"是同一字，"腊"字原是"合"的意思，并有"接"的含意。古人常把祭祀祖先和天地神灵合在一起，称为"腊祭"，所以就把冬末的十二月叫做"腊月"。

腊月初八，古称"腊八"。从先秦起，都是当做"年节"来过的，但当时并不固定在十二月初八，直到南北朝时，才固定到这一天，用以祭祀祖先和天地神灵，并祈求丰收与吉祥。

追溯喝腊八粥的历史，已有1000多年。它最早开始于宋代。据《天中记》载：宋时东京十二月初八日，都城诸大寺送七宝五味粥，谓之腊八粥。每逢腊八这一天，不仅朝廷、官府、寺院要做大量腊八粥，而且民间也争相效法，广为流传。特别到清朝时候，喝腊八粥更为盛行。在宫廷里，皇帝、皇后、皇子等都要向文武大臣、侍从宫女赐腊八粥，并向各大寺院发放米、果，以供僧侣餐用。寺院僧侣要举行诵经法会，纪念释迦牟尼。在民间，人们也做腊八粥祭祀祖先，并阖家聚食，馈送亲邻，而且争奇竞巧，色彩缤纷。

各民族间传统节日

一 月

腊八节

人们将农历十二月称腊月。农历十二月初八，是我国汉族传统的腊八节，此节始于南北朝时。节日里，人们祭祀祖先和天地神灵，并祈求丰收和吉祥。

苗族的灭鼠节

贵州黔东南镇远、施秉、黄平一带苗族龙姓的，每年农历十二月要举办传统的灭鼠节。

苗族的百狮节

每年冬天，湖南湘西的苗族都在欢度传统的百狮节。节日那天，八面大鼓置于场中央的木架上，八个服饰美丽的姑娘表演跳鼓舞。

瑶族的度戒节

云南瑶族每年元月举行极其隆重的度戒节。这里瑶族青年经过"度戒"才能谈恋爱，"度戒"（也叫过法）是极其严肃的事，通过"度戒礼"的人便进入成年。

台湾的尾牙节

农历十二月十六，是台湾地区民间传统的尾牙节。节日时，家家宰鸡杀鸭备牲醴祭拜"土地伯公"。尾牙节时，台湾各家商店大摆"尾牙宴"，赏请伙计，以慰一年辛劳。

彝族的打陀螺节

云南哀牢山区墨江、新平两县交界地一带的彝族人，每年农历十二月择日举行一次规模盛大的民族体育运动——打陀螺节。

祭灶节

我国祭灶风俗始于周代,周代七种祭祀之一是祀灶。历代祭灶时间不一,汉以前祭灶在夏天,汉至宋在腊月二十四,明清时,祭灶已为腊月二十三。

扫尘节

我国民间多以农历十二月二十四日为"扫尘节"(也称"扫尘日")。扫尘,北方称"扫房",南方称"掸尘"。是我国人民岁终打扫卫生的优良传统。

除夕和守岁

除夕俗称"年三十夜",均要吃"年夜饭",饮食习惯因地而异。守岁是除夕习俗,由晚辈依次向长辈行礼,长辈给晚辈"压岁钱"。

春 节

春节是我国的农历年节,在民间,它是古老而又最隆重的节日。古代称正月初一为"三元",意思是说这一天为"岁之元、月之元,时之元"。春节之时,我国城乡到处张灯结彩,鞭炮齐鸣,贴春联和年画,舞龙、舞狮、吃年糕等。

二 月

畲族的上十节

畲族主要居住在福建、浙江两省,每年正月初八是畲族上十节,是祭祀图腾的日子,畲族人不分男女,从五十多开始,凡年龄逢十的(如六十、七十……)老人称"上十",逢上十节时,亲友要送肉和面给"上十"老人,以示祝贺。

立春节

立春,民间传统节令,二十四气节之一。阳历二月四日前后太阳到达黄经315°时开始。民间习惯把它作为春季的开始。

仫佬族的走坡节

聚居在广西壮族自治区的仫佬族从正月初一至十五是别具风采的走坡节。村村寨寨男女老少,穿上节日盛装,几十人,几百人乃至上千人聚会在山坡上或赛场上唱山歌。

冰灯节

哈尔滨的冰灯节是在农历正月间。冰灯作为观赏艺术品，在哈尔滨至少有上千年历史，正式定为节日，始于1963年。

元宵节

元宵节又称上元节、元夕节、灯节。时在农历正月十五。节日里有吃元宵、观花灯、耍社火、猜灯谜等习俗。

布依族的牵羊节

布依族在农历正月二十二日要过别具风采的牵羊节，"牵羊"的意思是订婚约，青年人把姑娘带回家，看看男方的家境，以决定自己的终身大事。

送穷节

送穷节是旧时正月送穷鬼、求富裕的民间习俗。送穷的日期多数说法是在正月晦日（正月的最后一天）。这一风俗之所以安排在正月新春进行，反映了古代人民的传统心理，即希望在年节交关，辞旧迎新之际，送走旧日岁月的贫穷、辛酸和苦难，迎来幸福美好的生活前景。

龙　节

农历二月二在北京，人们管这天叫"龙拉头"。我国北方大部分地区把二月初二称"春龙节"。这一天，各家吃面条、炸油糕、爆玉米花，比作"挑龙头"、"吃龙胆"，以示吉庆。

闺女节

按北京旧习俗，出嫁的闺女在正月不能看娘家灯，故此正月刚过，便急急忙忙接一个月没有见面的闺女了。二月初二便是闺女节，或称宝贝节。

三　月

高山族的丰渔节

丰渔节又称丰渔祭，是我国台湾省高山族雅美人的祭祀节会。在三月二日上午举行。出海捕鱼的人集中共宿，吃芋头和鱼，并向神祈求保

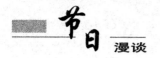

佑今年丰收。

惊蛰节

惊蛰是中国农历二十四节气之一。阳历三月六日之前后太阳到达黄经345°时开始。惊蛰节为汉族的传统节日。时在农历二月初八前后。山西雁北一带居民在节日这天有吃梨的习俗，以讨个吉利。

苗族的芦笙节

每年农历二月十三至十六，是贵州省黔东南苗族人民传统的芦笙节。节日城，材村寨寨的男女老少盛装集会，优美的舞姿，动听的笙曲预祝新的一年风调雨顺，获得丰收。

傣族的彩蛋节

农历二月中旬是傣族儿童的彩蛋节。傣家男女小孩个个打扮得花枝招展，胸前拷上一个小巧玲珑的兜，里面装上几个染上红、黄，绿、紫等色的熟鸡蛋，带上饭莱，成群结队外出郊游。

观音节

观音节，又称观音会，宗教节日。时在农历二月十九日。

壮族的祭龙节

壮族是我国人口最多的一个少数民族。居住在广西境内的壮族人民，每年农历二月间，都要举办祭龙节，这是一个宗教节日。

维吾尔族的努鲁斯节

努鲁斯节也称新日节，是维吾尔族人民迎春的节日。节期开始于公历三月二十一日或二十日。此时正是以春为岁首的伊朗历法的新年，它是从伊朗传来的习俗。

哈萨克族的那吾鲁孜节

每年的春分时是哈萨克族的那吾鲁孜节。节日那天人们载歌载舞，诗人即席赋诗、歌手放声歌唱。哈萨克语中的那吾鲁孜，含送旧迎新，预祝丰收之意。

上巳节

上巳节是我国民间传统节日。时在农历三月初三。上巳节是人们水边饮宴，郊外游春的节日。

壮族的歌圩节

歌圩壮语叫"窝埠坡"、"双龙峒"，意为到田间或岩洞外去唱歌。始源于唐代歌仙刘三姐。今歌圩盛行于广西五十多个市、县。歌圩节时间在农历正月十五、三月三、四月初八、五月十二和中秋节，三月三歌圩最盛大，最普遍。

四　月

藏族的沙格达娃节

沙格达娃节是藏族的传统节日，已有一千多年的历史，时在藏历四月份（在公历四月稍后）。相传释迦牟尼于藏历四月内降生、成道、圆寂。僧众在此期间举行宗教活动，信徒礼佛诵经。

寒食节

寒食节又称禁烟火节、冷节。时在清明前一、二日。是日禁止烟火，只吃冷食。传说寒食节是纪念春秋时代介子推的节日。今民间已将寒食、清明合为一个节日。

清明节

清明节一般在四月五日前后。节日时有扫墓、踏青之俗。

哈尼族的那尼节

那尼节是哈尼族的传统节日。秧苗栽插结束后择日过节。欢乐的年轻人往往通宵达旦地歌舞。

侗族的土王节

每年"谷雨"前后几天是侗家一年一度的土王节。节场在当地土王坡小山岭旁。

彝族的三月节

云南楚雄牟定一带的彝族，每年农历三月二十八为传统的三月节，历时三天。相传三月节已有280多年的历史。如今的牟定三月节更是热闹非凡，三日三夜，车水马龙，人声鼎沸。

纳西族的龙王节

龙王节亦称龙王会，是云南丽江纳西族祭祀节会，节期自农历三月二十八日开始，到四月三日止，是祭祀龙王的节日。

蒙古族的鲁班节

鲁班节又称鲁班会，是云南蒙古族的传统节日，节期在农历四月初二。节期三天，以第二天最热闹。

庙会节

庙会节是浙江嘉善县西塘镇一带民间传统节日。时在农历四月初三。

壮族的娅拜节

娅拜节是壮族的传统节日，时在农历四月兔日（初四）。相传，娅拜是宋朝年间一位壮族女英雄。节日这天，群众要杀一头牛、一头猪、两只鸡和四十八尾鱼，男女老少皆上娅拜山祭奠娅拜，礼仪十分隆重。

五 月

四八节

贵州苗、侗、仫佬、布依、水等族及川东的苗、土家等族均在农历四月初八过节，统称"四八节"，但各民族节日称呼相异，有叫"姑娘节"、"亚努节"、"牛王节"、"牛生日"、"洗牛节"、"牧童节"、"开秧节"等多种。

傈僳族的沐浴节

沐浴节是傈僳族的民间传统节日，也称"臭水节"或"桑浴"。节期在农历立夏前三天到后三天内进行。

立夏节

立夏，二十四节气之一。阳历五月五日前后太阴到达黄经45°时开始。民间习惯把它作为春季结束，夏季开始。立夏节为我国民间传统节日，浙江新昌一带家家煮笋而食，据说立夏吃笋可以健脚。

白族的蝴蝶节

蝴蝶节也称蝴蝶会，是白族传统社交、游乐节日。在云南大理苍山云弄峰麓的神摩山下，有蝴蝶泉，泉边有一棵古老的合欢树，每年四月十五前后开花，彩蝶汇聚枝头，每到此时，白族青年即聚会泉边，一面观赏蝴蝶，一面对歌，成为白族青年谈情说爱的节日。

台湾的母亲节

每年五月在我国台湾要举办母亲节，届时台湾各地商店要大量出售"母亲卡"。子女们纷纷持卡向母亲祝贺节日愉快。节日这天，母亲们停做家务，休息一天。

满族的五月节

五月节是满族的传统节日。时在农历五月上旬。

土家族的女儿节

土家族自称"毕兹卡"或"必际卡"，共有280万人。女儿节是鄂西恩施、鹤峰、宣恩相邻地区土家族的传统节日。节期各地不一。

端午节

端午节又称端阳节、重午节、端五节、女儿节，时在农历五月初五。约始于春秋战国之际，其始源，说法大致有四种：一说源于纪念屈原；一说是龙的节日；一说源于恶日；一说有文学参考的端午始源于夏至。民间流传最广、最有影响的是第一种。

苗族的龙船节

龙船节是贵州黔东南和湘西一带苗族的盛大节日。节时在农历五月之间，历时三天左右，节间不举行龙船竞赛，主要是坐龙船串寨子，走亲访友。

六　月

祭关帝节

祭关帝节是我国民间传统节日，农历五月十三日为关羽诞辰日，此日，乡民燃放鞭炮，供食作祭，怀念英灵。

芒种节

芒种，二十四节气之一，阳历六月五日前后太阳到达黄经75°时开始。芒种过后，花多凋谢，花神退位，故是日家家祭饯花神。

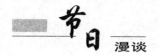

白族的栽秧节

栽秧节是白族互助劳动的农忙节日，一般在芒种与夏至之间的农历五月。节日时，几十户或整个村子自愿结合起来，以换工方式进行集体栽秧，节日第一天为"开秧门"，通常举行庄严而欢乐的仪式。

鄂温克族的米阔勒节

内蒙古呼伦贝尔盟和黑龙江的讷河县等地鄂温克族，每年农历五月下旬要欢度一年一届的米阔勒节。节日这天，远近亲友汇集在一起，给牲畜烙印。

达斡尔族的药泉节

每年农历五月间，达斡尔族要过传统的药泉节。据说是为纪念达斡尔民族英雄阿美其格和嘎拉桑白音而形成。节日期间，远远近近的达斡尔人要全家赶着大棚车，拉着酒肉，来赶药泉节，一住就是一个月。

夏至节

夏至，二十四节气之一。阳历六月二十二前后太阳到达黄经90·时开始。夏至节是我国民间传统节日。

蒙古族的敖包节

每年在农历六—七月间，蒙古族人民要过传统的敖包节。"敖包"是蒙古语音译，意为木、石、土堆。节日这天，男女老幼穿上民族服装，举行祭祀仪式。在木堆、石堆、土堆上插树枝，然后在敖包旁点火，供肉，并在敖包上洒祭酒。奶酪、马奶、四周焚香。祭敖包是祈求神灵保佑，人畜平安，年年丰产。节日里通常还举行摔跤、赛马、射箭等传统体育娱乐活动。

壮族的牛魂节

广西靖西、那坡、德保、天等、大新一带的壮族五月初七、六月初七、七月初七要举办别具一格的牛魂节，节日这天，家家将牛栏打扫干净。姑娘们牵牛到河边洗刷，而后让牛开荤，以酬耕作之劳。这天对牛一律解缰卸轭，免除劳役。尤忌打骂，以定牛魂。

七　月

藏族的雪顿节

藏族的雪顿节，又称藏戏节。"雪顿"意为"吃酸奶子的节日"，时在七月初。节日历时五天。届时，各地藏剧团汇集拉萨，举行会演。节日由来说法之一是为了纪念藏戏之神铁桥活佛唐东结波大师。

花儿节

花儿节亦称二郎山花儿会，是甘肃岷县汉回等民族传统的洮岷花儿演唱会和交游节日。一般在农历五月十七日举行。

侗族的六月节

六月节流行于黔东南北部侗区的部分村寨，于每年小暑后的第一个卯日举行。

蒙古族的那达慕节

那达慕大会是蒙古族传统节日。"那达慕"蒙古语意为"娱乐"或"游戏"。在每年七、八月牲畜肥壮的季节举办。自治区、盟、旗通常每年分别举行一次，在节日的大会上有赛马、摔跤、射箭、棋艺及美妙多姿的歌舞。那达慕大会，是蒙古牧民欢乐的节日。

畲族的歌节

歌节是福建安福白云山地区畲族一年一度的盛大歌会。多在农历六月初一举行。对歌是节日的主要内容，均在青年男女之间进行。

彝族的火把节

四川大凉山下的布拖县，每年七月下旬为全县的火把节。火把节要欢度三天。

荷花节

农历六月初四日为我国民间传统荷花节。节日这天人们到池塘畔观赏亭亭盛开的荷花。

回娘家节

回娘家节是我国民间的传统节日。时在农历六月初六。是日，农村各家均请回已出嫁的老少姑娘，盛情招待。俗传"六月六，请姑姑"。

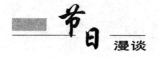

纳西族的女神节

云南永宁纳西族摩梭人在每年七月下旬定为祭祀女神的节日。

彝族的剪羊毛节

四川凉山一带彝族人民，每年在农历六月上旬举办独特的剪羊毛节，节期为十天左右。

京族的哈节

哈节，又称歌节。哈，京语意为唱歌。各地过节时间不一。沥尾、巫头二岛在农历六月初十。节日里，人们举行丰富多彩的庆祝活动，主要是唱歌，还有祈神祭祖以及斗牛等，连续三天三夜。

八　月

藏族的达玛节

达玛节是藏族的传统节日，时在农历六月中旬。节日期间，人们穿上盛装，歌舞娱乐，并举行赛马、赛牦牛、骑射等体育活动。

苗族的赶秋节

赶秋节，又称秋社节、交秋节，是湘西花垣、凤凰、泸溪等地苗族的传统节日。时在立冬日。

朝鲜族的老人节

农历六月二十日，居住在黑龙江省泰来县的朝鲜族人民都要庆祝老人节，届时，各村敲锣打鼓，喜气洋洋，男女打扮一新，纷纷向老人们祝福，并举行祝寿会。

开斋节

回历十月一日是伊斯兰教的开斋节，即圣节。我国回、维吾尔、哈萨克、乌孜别克、塔吉克、塔塔尔、柯尔克孜、东乡、撒拉、保安等十几个少数民族都将举行各种仪式来庆祝。

开斋节又称"尔德节"、"肉孜节"。

星回节

星回节也称火把节，是白、傈僳、拉祜、蒙古、基诺等少数民族的传统节日。广泛流传于云南各地和四川、贵州的部分地区。时间多在农历六月二十四，亦有在二十五日的。

土家族的年节

湘西一带土家族在农历七月初一过传统的年节。传说，土家族祖先被统治者强迫背井离乡去戍守边关，多年不得归。直到有一年农历七月初一才获释归来，亲朋族友欢聚庆贺，沿袭成节。

乞巧节

每年农历七月初七，是我国传统的乞巧节，也称七夕节、少女节、女节。我国台湾等地亦称情人节。源于古代神话牛郎织女天河相会的故事。

土族的七月节

青海民和县官亭、中川、甘沟一带土族，每年农历七月中旬至九月中旬，要举办传统的七月节，土语叫"纳顿"。各地时间不一。

景颇族的新米节

景颇族每年在谷子成熟的八月间，要过传统的新米节。举行祈祷仪式，由长者讲述谷子来源：古时景颇人种植谷子，因谷魂上天，谷子长不好，家狗见状日夜吠叫，终于叫回谷魂，使禾苗茁壮，五谷丰登。吃饭时人们先喂狗再喂牛，而后给老人吃，以尊长者。

九　　月

傣族关门节

关门节是傣族民俗化的传统宗教节日。一般在傣历九月十五（农历七月中旬）举行。

敬孤节

江苏洪泽湖西岸城乡一带，定每年农历七月十五为敬孤节，此俗至今还保留着。节日这天，家家户户除给亡灵烧纸钱之外，还争相招待村镇的孤寡老人，向他们表示敬意。

藏族的洗澡节

洗澡节也称沐浴节、嘎玛堆巴节，是一个古老而欢乐的节日。时在秋日，当拉萨东南上空出现"弃山星"时，藏民便开始过节。节日期间

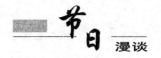

藏民成群结队到江河洗澡，进行娱乐活动。"弃山星"只出现七个夜晚，故节日持续七天。

秋社节

秋社节是古人祭祀社神、农神、祖先的日子。每年立秋后的第五个戊日为秋社，时间约在新谷登场后的农历八月。

高山族的丰年祭

我国台湾地区高山族，在每年农历八月初一举办丰年祭，也称栗祭、丰收祭，历时十天左右。节日第一天，家家不用火柴，而用古老的方法钻木取火。节日期间还举行盛大的歌舞集会，尽情娱乐。

白族的歌节

云南剑川县石宝山一带的白族，每年在农历八月初一前后，要举办传统的歌节。白族群众携带干粮和行李，汇聚在石宝山，野宿山林，昼夜弹唱，结对比赛。

藏族的拉巴堆钦节

藏族的拉巴堆钦节，时在藏历九月二十二日（约公历九月二十六日左右）。拉巴堆钦为藏语音译，意为"天降"。相传，藏历九月二十二日为释迦牟尼在三十三天给生母说法后返回人间之期，释迦牟尼从天而降，给人间带来福音，佛教信徒要念佛燃香，迎接佛祖。这一天寺院开放，信徒们朝佛燃香，祈求佛祖赐福。

景颇族的敬老节

云南省岛峰山寨的景颇族人民，每年九月份要隆重举办敬老节。节日这天，人们争先恐后地请老人到自家的竹楼上去做客，人们递上最好的烤腿肉和甜米酒，请老人品尝。晚上人们扶老人坐在篝火边。姑娘，小伙子跳起了"敬老舞"。多淳朴的风尚，多美好的习俗！

水族的端节

端节，水语称借端或过端，是水族最盛大的传统节日，与汉族春节相似。每年农历八月下旬至十月上旬，逢亥日、午日或末日，各寨轮流过端。

十 月

中秋节

中秋节又称仲秋节。时在农历八月十五，此时恰值三秋之半，故名"中秋"。两汉时已具雏形，其时在立秋日。至唐代，已出现登台观月、泛舟赏月、饮酒对月等活动。北宋太宗年间，始至八月十五日为仲秋节。节日这天，有祭月、拜月、赏月、吃月饼之俗。

调声节

调声节又称八月会，是海南岛儋是民间传统节日。时在中秋节前后，进行盛大调声对欢活动。

观潮节

海宁潮自古蔚为"天下奇观"，又以秋涛为最大，阴历八月观潮由来已久，以后相沿成习，就把这一天作为观潮节。每年八月十八这天，成千上万人拥到浙江海宁盐官镇观赏奇景。

瑶族的龙公上天节

云南河口大瑶山地区瑶族，每年农历八月二十日，要过传统的龙公上天节。节日这天，当地群众要备供品祭龙，送龙公升天。

白族的百鸟节

白族的每年秋天要举行传统的百鸟节，节日里人们欢聚在鸟吊山，撒上谷物和食品，供鸟吸食。

苗族的冷酿廖节

冷酿廖节是苗族一年中最盛大的传统节日之一。"冷酿廖"是苗语，意为节。无统一节期，一般在农历九、十、十一兔、牛日。节日之前，家家户户忙于酿酒、杀鸡、捉鱼、打糍粑、有的还宰一头肥猪。节日活动有斗牛、赛马、跳芦笙、游方、爬杆等。男女青年载歌载舞，寻找情侣。

重阳节

重阳节又称重九节、茱萸等。时在农历九月初九，战国时期有此节。重阳节有出游登山，赏菊、插茱萸、放风筝、饮菊花酒、吃重阳糕等习俗。我国政府于1988年致重阳节为敬老节。

壮族的祝寿节

祝寿节是壮族传统的敬老节日，一般在农历九月九日举行。

阿昌族的会街节

会街节是云南德宏地区阿昌人迎接菩萨返回人间的宗教节日。从农历九月初十起，要过五天。解放后，会街节变成了迎接丰收的佳节。1981年当地政府根据阿昌族人民的愿望，正式把会街节定为该族的节日，时为农历九月初十。

十一月

高山族的五年节

五年节是我国台湾省高山族的传统节日，每五年举办一次，故名。一般在秋收后择日过节，节日相当隆重。

怒族的吉佳姆节

怒族最热闹的节日是吉佳姆节，吉佳姆，怒语译音，是过年之意。节期在每年秋收之后，一般要过十五天。节日里，村村寨寨烤酒杀猪，歌舞通宵达旦。

采参节

采参节是我国东北长白山一带采参放山人的传统节日。时在农历九月二十九日或三十日。这是一个吉祥如意的节日。

仡佬族的牛王节

牛王节是仡佬族民间传统节日，亦称敬牛节、敬牛王菩萨、祭牛节。相传农历十月二日是牛的生日。

哈尼族的十月节

哈尼族每年农历十月的第一个属龙日举行十月节，这是年节，节期少则五、六天，多则十几天。

高山族的丰收节

丰收节是我国台湾省高山族的传统节日。一般在农历十月间，历时三、四天。

彝族的年节

四川凉山地区的彝族，每年在农历十月和十一月之间过年节。具体节期不固定，多由"毕摩"占卜而定。节日里，全家欢聚，杀猪宰羊，走亲访友，相互拜年。年节最热闹的是摔跤场。

壮族的双喜节

双喜节是壮族的民间喜庆节日。时在农历十月初十。广西马山、上林、忻城一带农村，习惯在这天结婚办喜事，据说这一习俗是壮族祖先规定下来的。

侗族的年节

侗族的年节一般在农历十月或十一月间，除夕之夜，他们讲究每人喝一碗稀饭，表示风调雨顺、五谷丰登。新年里，侗族同胞盛行"打同年"。这种活动类似汉族的"团拜"。

鸟 节

我国上海、江苏、浙江、安徽一带，在民间每年农历十月十三要举办传统的鸟节。人们汇集在草坪和绿树丛中，以鸟会友，一边品茗交流"鸟经"，一边欣赏"画眉"、"百灵"比赛鸣唱，其乐融融。

十二月

瑶族的歌堂节

歌堂节是粤北一带瑶族青年男女谈情说爱、唱歌求偶的日子。按传统习俗，每三至五年举行一次。节期是农历十月十六日至二十五日。

侗族的花炮节

侗族的花炮节已有一百多年的历史，节日活动主要是放花炮，花炮一般放三次。节期为农历十月二十六日。

畲族的年节

散居在我国东南一些山区的畲族，在每年农历十月底过年。在年三十畲民家的火塘煨着大而干燥的柴头，一直焖到年初一，谓"隔年火种"。这天要守岁，夜里12点钟一响，便点香烛、鸣鞭炮，全家人吃年夜饭。

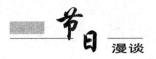

土家族的洗神节

洗神节是鄂西一带土家族的传统节日。时在农历十一月初一。

海燕节

我国福建省晋江县围头半岛塘东村，人们仍然沿袭一个特殊节日——海燕节。每年十二月二十日，全村男女老少聚集在村头海滩，祝愿久离家乡的亲人像海燕一样能自由展翅，归来团聚。

冬至节

冬至节，也称冬节。殷周时以冬至前一日为岁终，后二十四节令亦以冬至为岁首。节日这天，家人团聚，备办佳肴，享祀先祖，庆贺往来，一如年节。今民间仍重此节，有"冬至大如年"之说。这天家家蒸九层糕拜祖宗。祭拜时，全家跪在祖先神主木牌前，由家长述说"根"在何处。此俗在台湾代代相传，意在不忘祖先。

鄂温克族的火神节

每年十二月二十三日，鄂温克族中的索伦牧民要过传统的火神节，家家户户祭祀火神。

苗族的祭鼓节

广西融水自治县一带的苗族盛大的祭鼓节，每隔十三年举行大祭，六、七年举行小祭，时在农历十一月中旬。苗家以木鼓象征祖宗，故祭鼓实为祭祖。

哈尼族的老人节

每年农历十一月十五日，是居住在云南新平县卡多山区哈尼族传统的老人节。节日早晨，全寨老人端坐在栽满青松的场地上。青年男女和中年男女端着米酒、茶水、糯米饭、鸡蛋等，献给青松下的老人。随后，老人们轮流详述一年来子女对他们孝顺的情况，人们对尊老爱老的晚辈给予表彰；对那些不敬不孝的子女给予批评。

纪念日

中国历史上的今天

一 月

1 日 中国伟大的革命先行者孙中山在南京就任临时大总统，宣告中华民国成立（1912）。

2 日 国际主义战士罗盛教在朝鲜战场为抢救朝鲜落水少年牺牲日（1952）。

5 日 明代地理学家、旅行家徐霞客诞生日（1587）。

6 日 中央军委副主席、国务院副总理兼外交部部长、国防委员会副主席陈毅逝世日（1972）。

8 日 党和国家主要领导人之一，军队创建人之一，杰出的革命家、政治家、军事家和外交家周恩来逝世日（1976）。

9 日 中共中央委员、国务院副总理李富春逝世日（1975）。

10 日 淮海战役结束纪念日（1949）。

12 日 党的好女儿刘胡兰就义日（1947）。

13 日 香港海员大罢工纪念日（1922）。

26 日 南宋诗人陆游逝世日（1210）。

27 日 国家名誉主席、杰出的国际政治活动家宋庆龄诞生日（1893）。
南宋民族英雄岳飞殉难日（1142）。

28 日 中缅边界协定和中缅友好互不侵犯条约签订日（1960）。

31 日 北京解放日（1949）。

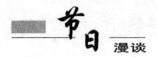

二　月

1日　教育家徐特立诞生日（1877）。

郑成功驱逐荷兰侵略者，收复祖国领土台湾纪念日（1662）。

清朝文学家曹雪芹逝世日（1764）。

2日　北平新华广播电台（现称北京人民广播电台）开始播音（1949）。

3日　人民艺术家舒庆春（老舍）诞生日（1899）。

全国人大常委会副委员长、中国藏传佛教的杰出领袖、第十世班禅额尔德尼·确吉坚赞大师诞生日（公历1938、藏历十六绕迥之土虎年正月初三日）。

4日　诗人、国际文学活动家萧三逝世日（1913）。

伟大的无产阶级革命家、政治家、著名社会活动家、坚定的马克思主义者、党和国家的卓越领导人、中国妇女运动的先驱邓颖超诞生日。

7日　气象学家、教育家竺可桢逝世日（1974）。

左翼作家柔石、胡也频、李伟森、冯铿、殷夫就义日（1931）。

"二七"京汉铁路工人大罢工纪念日（1923）。

8日　全国人大常委会副委员长、九三学社创始人和杰出领导者许德珩逝世日（1990）。

9日　共产党员夏明翰牺牲日（1928）。

12日　唐朝诗人杜甫诞生日（712）。

14日　中苏友好同盟互助条约签订日（1950）。

15日　共产党员、"劳工律师"施洋就义日（1923）。

人民音乐家、"义勇军进行曲"曲作者聂耳诞生日（1912）。

16日　全国政协副主席、著名教育家、作家、出版家和社会活动家叶圣陶逝世日（1988）。

20日　中国坦桑尼亚友好条约签订日（1965）。

23日　东北抗日联军主要领导人杨靖宇牺牲日（1910）。

26日　鸦片战争中保卫虎门的英雄关天培牺牲日（1811）。

28日　唐朝诗人白居易诞生日（772）。

　　　台湾省人民"二二八"起义纪念日（1947）。

　　　著名作家、教育家冰心逝世日（1999）。

三　月

1日　我国第一个"全民文明礼貌月"活动开始日（1982）。

2日　中国巴基斯坦边界协定签订日（1963）。

5日　毛泽东、刘少奇、周恩来、朱德、邓小平等国家领导同志发表学习雷锋的题词纪念日（1963）。

8日　国际劳动妇女节（1910）

12日　中国伟大的民主革命先行者孙中山逝世日（1925）。

　　　我国植树节日。（1979）

16日　中共中央委员、国防部副部长陈赓逝世日。（1961）

17日　科学家、铁路工程师詹天佑诞生日（1861）。

18日　北洋军阀段祺瑞制造流血事件——"三·一八"惨案，刘和珍、杨德群等遇难日（1926）。

20日　共产党员夏明翰殉难日（1928）。

22日　中共中央政治局委员、中央军委副主席、国务院副总理兼国家体委主任贺龙诞生日（1896）。

27日　现代进步文化的先驱者、伟大的革命文学家沈雁冰（茅盾）逝世日（1981）。

四　月

1日　陕甘革命根据地和红军二十六军创建者之一刘志丹牺牲日（1936）。

5日　"天安门事件"发生，也称"四五"运动纪念日（1976）。

8日　王若飞、秦邦宪、叶挺、邓发等在黑茶山遇难纪念日（1946）。

15日　无产阶级革命家、政治家、长期担任党的重要领导职务的卓越领导人胡耀邦逝世日（1989）。

18日　中国新民主主义青年团（现改为共产主义青年团）正式成立日（1949）。

21日　中国人民解放军百万雄师渡长江向江南进军纪念日（1949）。

24日　我国成功地发射了第一颗人造地球卫星（1970）。

25日　李自成进北京，明朝灭亡日（1644）。

27日　黄花岗七十二烈士殉难日（1911）。

28日　中国尼泊尔和平友好条约签订日（1960）。

30日　伟大的马克思主义者、杰出的无产阶级革命家、党的卓越领导人任弼时诞生日（1904）。

五　月

1日　国际劳动节（1889）。

2日　我国登山队首次征服地球上最后一座8000米以上的"处女峰"——西藏境内海拔8012米的希夏邦马峰（1964）。

4日　"五四运动"纪念日（1919）

中国青年节（1939）。

14日　"县委书记的榜样"焦裕禄逝世日（1964）。

18日　我国成功地向太平洋预定海域发射了第一枚运载火箭（1980）。

历史学家、文学家、新闻工作者邓拓受林彪、"四人帮"迫害逝世日。（1966）。

21日　中国羽毛球队第一次夺取汤姆斯杯（1982）。

25日　解放军战斗英雄董存瑞牺牲日（1948）。

29日　国家名誉主席、杰出的国际政治活动家宋庆龄逝世日（1981）。

中国外交部关于南沙群岛主权问题的声明发表（1965）。

30日　"五卅"反帝运动纪念日（1925）。

广州三元里"平英团"人民抗英自卫斗争（1841）。

六　月

1日　国际儿童节（1949）。

3日　太平天国领袖洪秀全逝世日（1864）。

　　　林则徐虎门销烟日（1839）。

9日　中央政治局委员、中央军委副主席、国务院副总理兼国家体委主任贺龙逝世日（1969）。

11日　"百日维新"运动开始（戊戌变法）（1898）。

12日　卓越的无产阶级文化战士、现代杰出的作家、诗人、历史学家郭沫若逝世日（1978）。

13日　人民音乐家冼星海诞生日（1905）。

15日　全国劳动模范、光学专家蒋筑英逝世日（1982）。

16日　全国劳动模范、航天工业部陕西骊山微电子公司工程师罗健夫逝世日（1982）。

17日　我国第一颗氢弹爆炸成功（1967）。

21日　无产阶级革命家、政治家、军事家、党和国家的卓越领导人、全国政协主席李先念逝世日（1992）。

23日　清初民族英雄郑成功逝世日（1662）。

　　　无产阶级革命家、政治家、军事家，党和国家的卓越领导人、全国政协主席李先念诞生日（1909）。

七　月

1日　中国共产党诞生纪念日（1921）。

　　　香港回归祖国纪念日（1997）。

4日　现代进步文化的先驱者、伟大的革命文学家沈雁冰（茅盾）诞生日（1896）。

6日　中国人民解放军创建人之一，党和国家主要领导人之一，杰出的革命家和军事家朱德逝世日（1976）。

7日　"七七"卢沟桥事变纪念日、中国人民抗日战争爆发日（1937）。

11 日　"当代大学生的榜样"张华为抢救社员牺牲日（1982）。伟大的无产阶级革命家、政治家、著名社会活动家、坚定的马克思主义者、党和国家卓越领导人、中国妇女运动的先驱者邓颖超逝世日。

中朝友好合作互助条约签订日（1961）。

14 日　"一不怕苦，二不怕死"的好战士王杰牺牲日（1965）。

航海家郑和第一次下西洋（1405）。

15 日　诗人、爱国民主人士闻一多被国民党杀害日（1946）。

妇女解放运动的先驱者、辛亥革命时期的革命家秋瑾就义日（1907）。

17 日　人民音乐家、"义勇军进行曲"的曲作者聂耳逝世日（1935）。

19 日　画家、美术教育家徐悲鸿诞生日（1895）。

25 日　人民教育家陶行知逝世日（1946）。

八　月

1 日　中国人民解放军建军纪念日（1927）。

2 日　抗联女英雄赵一曼英勇就义日（1935）。

3 日　中共中央委员、人大常委会委员、中央军委秘书长罗瑞卿逝世日（1978）。

6 日　赣东北革命根据地和红军第十军创建人之一方志敏英勇就义日（1935）。

8 日　京剧表演艺术家梅兰芳逝世日（1961）。

12 日　"华侨旗帜，民族光辉"陈嘉庚逝世日（1961）。

15 日　共产主义战士、解放军工程兵某部运输连四班班长雷锋因公殉职日（1962）。

20 日　国民党左派的光辉旗帜、伟大的爱国者廖仲恺被国民党右派杀害日（1925）。

23 日　人民艺术家舒庆春（老舍）逝世日（1966）。

26 日　中国阿富汗友好和互不侵犯条约签订日（1960）。

27日　伟大的教育家孔子诞生日（公元前551）。

31日　党的早期农民运动领导人彭湃被国民党反动派杀害日（1929）。

九　月

1日　中国民主革命的先驱、伟大的爱国者何香凝（女）逝世日（1972）。

3日　中国人民抗日战争胜利纪念日（1945）。

5日　中共中央警卫团战士张思德牺牲日（1944）。

9日　中国最主要的马克思主义革命家、战略家和理论家、中国共产党、中国人民解放军和中华人民共和国的主要缔造者和领导人毛泽东逝世日（1976）。

10日　原新四军军长叶挺诞生日（1896）。

　　　我国教师节（1985年）。

11日　中国妇女运动的先驱和卓越领导者中华全国妇女联合会名誉主席蔡畅逝世日（1990）。

15日　漫画家、文学家丰子恺逝世日（1975）。

16日　画家、篆刻家齐白石逝世日（1957）。

17日　爱国将领杨虎城被害日（1949）。

　　　清代海军将领、民族英雄邓世昌牺牲日（1894）。

十　月

1日　中华人民共和国成立纪念日（1949）。

　　　中国缅甸边界条约签订日（1960）。

5日　中国尼泊尔边界条约签订日（1961）。

7日　全国人大常委会副委员长、中共中央军委副主席、马克思主义军事理论家、军事家刘伯承元帅逝世日（1986）。

8日　共产党员，党的好女儿刘胡兰诞生日（1932）。

10日　电影艺术家赵丹逝世日（1980）。

　　　武昌起义日，辛亥革命爆发纪念日（1911）。

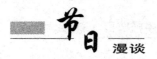

诗人、国际文学活动家萧三诞生日（1896）。

11日　历史学家吴晗逝世日（1969）。

12日　志愿军英雄邱少云牺牲日（1952）。

13日　中国少年先锋队建队纪念日（1949）

15日　解放军战斗英雄董存瑞诞生日（1929）

16日　我国成功爆炸了第一颗原子弹（1964）。

　　　红军二万五行里长征开始日（1934）。

18日　"九一八"事变纪念日（1931）。

20日　我国第一部宪法诞生日（1954）。

　　　中华人民共和国国徽诞生日（1950）。

　　　我国用一枚运载火箭发射三颗人造卫星成功日（1981）。

21日　党的早期活动家、工人运动领导人之一邓中夏殉难日（1933）。

中共中央军委副主席、全国人大常委会副委员长，中国人民解放军的缔造者之一徐向前元帅逝世日（1990）。

22日　在北京举行第十一届亚洲运动会纪念日（1990）

23日　赵树理逝世日（1970）。

　　　我国首次进行地下核试验成功日（1969）。

25日　"狼牙山五壮士"临危不屈，壮烈跳崖日（1941）。

　　　伟大的文学家、思想家、革命家鲁迅诞生日（1881）。

　　　中国人民志愿军赴朝参战纪念日（1950）。

26日　画家、美术教育家徐悲鸿逝世纪念日（1953）。

　　　清代思想家、诗人龚自珍逝世日（1841）。

27日　中共驻新疆代表陈谭秋和毛泽民、林基路殉难日（1943）。

28日　"戊戌六君子"谭嗣同、林旭、刘光弟、杨深秀、杨锐、康广仁被害日（1898）。

30日　中共中央顾问委员会副主任谭震林逝世日（1983）。

十一月

2日　解放战争三大战役之———辽沈战役结束（1948）。

6日　共产主义战士杨开慧诞生日（1901）。

12日　中国杰出的革命家、政治家和理论家，中国共产党和中华人民共和国的主要领导人之一刘少奇逝世日（1969）。

中国伟大的革命先行者孙中山诞生日（1866）。

19日　红军二万五千里长征胜利纪念日（1935）。

伟大的文学家、思想家、革命家鲁迅逝世日（1936）。

20日　志愿军英雄黄继光牺牲口（1952）。

22日　中国阿富汗边界条约签订日（1963）。

27日　我国第　次成功地发射导弹核武器（1966）。

伟大的马克思主义者，杰出的无产阶级革命家，党的卓越领导人任弼时逝世日（1950）。

28日　全国政协副主席、著名教育家、作家、出版家和社会活动家叶圣陶诞生日（1894）。

29日　中国共产主义运动的先驱者、伟大的马克思主义者李大钊诞生日（1889）。

在马尼拉举行的女子国际象棋世界冠军争夺战中，中国棋手谢军战胜前苏联国际特级大师玛雅·齐布尔达尼泽，成为新的世界冠军（1991）。

30日　作曲家冼星海逝世日（1945）。

十二月

1日　中国共产党和中华人民共和国主要领导人之一，中国人民解放军创建人之一，中国杰出的革命家、政治家和军事家朱德诞生日（1886）。

9日　"一二·九"运动纪念日（1935）。

10日　戏剧家、"义勇军进行曲"词作者田汉逝世日（1968）。

11日　清代作家《儒林外史》作者吴敬梓逝世日（1754）。

12日　"西安事变"（1936）。

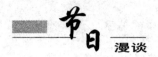

教育家吴玉章逝世日（1966）。

19日　中国柬埔寨友好和互不侵犯条约签订日（1960）。

20日　唐代高僧鉴真东渡日本成功（753）。

26日　中国最主要的马克思主义革命家、战略家和理论家，中国共产党、中国人民解放军和中华人民共和国的主要缔造者和领导人毛泽东诞生日（1893）。

中国蒙古边界条约签订日（1962）。

香港缤纷节假日

按香港劳工处《雇用条例》第六章《有薪假日》中规定：雇员每年应享有下述11天法定假日：

元旦、春节（农历正月初一、初二、初三）、清明节、端午节、中秋节、重阳节、冬节或圣诞节（由雇主选择）、浮动假日两天。约定俗成的林林总总节日，就更难求得统一了。综观全年，非属劳工法例规定而市民普遍都庆祝的节日就有：

新历2月14日	情人节
农历正月十五	元宵节
新历4月13日	耶稣受难日
新历4月16日	复活节
农历6月13日	师傅诞
农历7月14日	盂兰节
新历8月27日	重光节
新历10月1日	国庆节
新历10月10日	辛亥革命纪念日
新历12月21-22日	冬至
新历12月25日	圣诞节

此外还有不太普遍的、虽是节日但不放假的，如愚人节、感恩节、万圣节、父亲节、母亲节等等。数数又有八九个节，加起来一年中要过

近20个节，平均一个月就要过一个节还多。这还不算，使人惊叹的是这林林总总节日的内容，香港人绝不止于休息放假"关门大吉"那么简单，而是誓必将每一个节日都过得风风火火、轰轰烈烈。

元旦史话

"元旦"一词，最早见于南朝梁人萧子云的《介雅》诗："四气新元旦，万寿初今朝。"后来，宋代的吴自牧在《梦粱录》中解释说："正月朔日，谓之元旦，俗呼为新年。 岁节序，此为之首。"这儿的"元旦"都是指农历正月初一。

"元旦"乃是合成词。"元"是开始、第一的意思；"旦"是象形字，上面的"日"字代表太阳，下面的"一"代表地平线，太阳从地平线上冉冉升起，象征一日的开始。所以，"元旦"便被看作是一年的第一天了。

中国的元旦起源甚早，据说三皇五帝之一的颛顼以农历正月为元，初一为旦。具体名称，各代的叫法不尽相同。汉朝崔瑗《三子钗铭》中谓之"元正"，晋朝庚阐《扬都赋》中称作"元辰"，北齐《元会大亨歌·皇夏辞》呼为"元春"，唐代李适《元旦退朝观军仗归营》诗中谓之"元朔"。

古代元旦的月日，也不一致。据《史记·历书》记载，夏代以正月初一为元旦，商代以十二月初一为元旦，周代以十一月初一为元旦；秦始皇统一中国后，颁布统一的历法，以十月初一为元旦；到汉武帝时，又规定正月初一为元旦，和夏代的规定一样，所以称作"夏历"。此后历代相沿，达两千余年，直到清末。

1911年12月29日，孙中山被17省代表在云南推选为临时大总统，通电各省，三天以后，即公元1912年1月1日为"中华民国"元年元旦。从此，中国逐渐有了过"阴历年"和"阳历年"两种情况；并定春、夏、秋、冬四节，即元旦为春节，端午为夏节，中秋为秋节，冬至为冬节。于是春节就成为正月初一的名称，而把阳历（公历）的1月1日称作"新年"，又叫"元旦"。1949年9月27日，中国人民政治协商会议第一届全体会议，通过使用"公元纪年法"，亦将公历1月1日正式定名为"元旦"，农历（阴历）正月初一改为"春节"，两者均为法定假日。

在国外，元旦并不都在1月1日这一天。他们往往以大自然的某些现象为依据。如波斯人把"春分"作为元旦，缅甸元旦是在阳历4月上旬，泰国的元旦在4月1日，印度和巴基斯坦的元旦在3月中旬，叙利亚元旦在9月1日，阿根廷元旦在炎热的夏天，而居住在寒带的爱斯基摩人，则将当地第一次下雪的日子作为新年的开始，称为"雪花元旦"。

庆祝元旦的方式

为了表达除旧布新、祝福、祈求来年丰收之意，我国人民用多种方式来庆祝元旦，主要方式有以下几种：

1. 举办元旦晚会或茶话会

元旦晚会是庆祝元旦比较生动的一种方式，晚会举行的时间一般在元旦前一天晚上，也可以在元旦晚上举行。晚会的节目要充满欢乐、祥和之意。如果是小型的文艺晚会，晚会后可举办舞会，让大家在新年来临之际尽情地欢乐欢乐。茶话会是庆祝元旦的一种比较简便的方式，召集人可用请柬或电话通知各方面的代表人物参加。要选派好茶话会的主持人。在茶话会上，主持人要善于引导参加人员发言。会议时间不要太长，应适可而止。会议结束时，主持人应作总结性的发言。茶话会后，可邀请参加人员合影留念。散会后，主人应将客人送出门外，握手告别。

2. 互相赠送礼物

在元旦节，亲友之间单位之间互相赠送礼物已是传统习惯。较普遍的礼物是贺年片和挂历。亲友之间在元旦来临之前寄上一张小小的贺年片，祝愿新的一年事业有成、财源滚滚、家庭幸福，那是任何物质馈赠都无法比拟的。近年来，寄邮政有奖明信片的更多，既能够为亲友送去一份祝福，同时又能送给亲友一次中大奖的机会，一举两得，亲友自然高兴。单位之间在元旦来临之际，互赠挂历的较多，一是互相祝愿来年事业兴旺，二是加深双方的友谊，望在来年互相帮助。要注意的是：贺年片和挂历一定要在元旦来临之前寄出，以保证对方在元旦节前能收到，"迟到的祝福"是不太受人欢迎的。

3. 张贴对联

元旦节张贴几幅对联，既文雅，又能表达辞旧迎新的心愿，元旦节书写和张贴对联的方法和春节的没有什么不同，但其内容是不一样的，下面例举几幅对联，供书写时参考。

一元复始　万象更新

庆一元肇始　祝四化图新

四化前途美　百业面貌新

愿祖国昌盛　祝共和万年

风吹大地迎春绿　日照人心向党红

河山毓秀古国春色耀青史　岁月更新中华雄姿震寰球

元起于一，一心耿耿创大业　旦就是朝，朝气勃勃奔小康

红日高照千村万户庆元旦　东风劲吹五洲四海奏凯歌

庆胜利胜利前进又跨长征路　贺新年新年鼓劲更上一层楼

载歌载舞庆元旦赞颂今日形势好　同心同德干四化喜看来年幸福长

横批：

庆祝元旦　欢天喜地　一元复始　扬眉吐气

抚今思昔　除旧布新　丰衣足食　前程似锦

三八国际妇女节

妇女节，也叫"三八国际妇女节"、"国际劳动妇女节"、"三八节"，是全世界各国劳动妇女为争取和平民主、妇女解放而斗争的节日。1909年3月8日，美国芝加哥市的女工曾经为争取男女平等权利而举行示威游行和罢工。次年8月在丹麦哥本哈根召开的第二次国际社会主义妇女代表会议上，德国社会主义妇女运动杰出领袖蔡特金提议把3月8日定为国际劳动妇女节，大会通过了这个建议。中国共产党党中央于1949年

12月明确规定"三八"国际劳动妇女节为中国劳动妇女的节日。为庆祝"三八"妇女节，通常组织各种活动，如：报告会、茶话会、电影招待会、舞会等等，有的单位女职工放假一天；如果举办电影招待会或舞会，对女职工免费招待，而对男职工则不免费招待。"三八"妇女节这一天也有贴对联的，对联主要见于报告会会场或其他公共场所，下面列举一些对联供书写时参考。

花满三八　瑞凝长春

庆三八佳节　绘九五宏图

良辰三八节　妇女半边天

婆媳和睦胜母女　姑嫂亲爱赛姐妹

四化规模千姿百态　九州儿女万众一心

建设祖国全靠心红手巧　勤俭持家还要女衬男帮

树新风三八红旗飘万代　立壮志四化伟业拼一生

中国植树节的由来

中国的植树节，因时代的演变，先后作了三次改定。辛亥革命后，1915年由农商部总长周自齐呈准大总统批准，以每年清明节为植树节，指定地点，选择树种，全国各级政府、机关、学校如期参加，举行植树节典礼并从事植树。后北伐完成后，遵照孙中山先生遗训，积极提倡造林，于1930年2月确定3月9日—15日一周间为"造林运动宣传周"，于12日孙中山先生逝世纪念日举行植树式。中华人民共和国成立后，1979年2月在五届全国人民代表大会常务委员会第六次会议上，听取了林业总局罗玉川局长关于提请审议《森林法（试行草案）》和以每年3月12日为我国植树节的说明后，大会予以通过。确定这个时间为植树节，一方面是为纪念一贯重视和倡导植树造林的革命先行者孙中山；另一方面，3月12日，恰是惊蛰之后，春分之前，农谚说："伏天栽树株株死，惊蛰春分栽树株株生。"所以，这时植树，就全国而言，比较适宜。

绿色是生命之色，植树造林，能调节气温、保持水土、净化空气、防风吸尘、防暑降温等。可增进人们健康，延年益寿。国际上把绿地面积多少，作为评价一个国家环境质量好坏的主要标志和文明程度的象征。

为了加深人们对植树节的认识，使绿化祖国的活动年复一年，世世代代地开展下去，首先，根据群众的建议和形势发展的需要，特制定"中国植树节节徽"。节徽图案含义是：树形，表示全民义务植树3-5棵，人人动手，绿化祖国大地；其次，"中国植树节"和3·12"表明改造自然，造福人类，年年植树，坚韧不拔的决心；最后，5棵树可会意为"森林"，由此引伸连接着外圈，显示着绿化祖国，实现以森林为主体的自然生态体系的良性循环。

五一劳动节

5月1日是全世界劳动人民团结战斗的节日，亦称"五一"国际劳动节、"国际劳动节"、"劳动节"。1886年5月1日，美国芝加哥等地工人举行大罢工和游行示威，反对资本家的残酷剥削，要求实行八小时工作制。罢工一开始就遭到资本家的血腥镇压，但工人们并未被吓倒，经过流血斗争，美国工人终于赢得了八小时工作制的权利。1888年7月14日，为了纪念这次罢工斗争的胜利，在巴黎召开的第二国际成立大会上，根据法国代表团的提议，通过了关于"五一"节的决议。我国工人阶级于1907年，在俄国革命的影响下，以哈尔滨的铁路工人为主开始了我国最早的"五一"节庆祝活动。解放后，中央人民政府政务院于1949年12月规定5月1日为我国工人阶级和劳动人民的节日——劳动节。

为庆祝五一节，我国通常举行文艺联欢晚会、茶话会、劳模表彰大会、电影招待会等；在晚会会场或茶话会、表彰大会会场常常张贴对联，下面列举一些对联供书写时参考。

世界风雷激　中华日月新

欢庆五一佳节　建设两个文明

勤俭是美德　劳动最光荣

劳动创造世界　人力征服自然

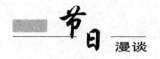

火炬光辉红五月　东风吹遍好河山

同心续写共运史　异口高唱国际歌

似锦前程奋斗高　移山力量团结来

五月红花由前辈英雄热血新种　四化伟业有后代俊杰努力同奔

"五四" 青年节

1919年5月4日，北京的青年学生为了抗议帝国主义国家在巴黎和会上支持日本对我国的侵略行动，举行了声势浩大的示威游行。接着，天津、上海等地青年学生也纷纷起来响应。最后，发展成为全国人民参加的反帝反封建的革命运动。这就是名震中外的"五四"运动。

"五四"运动是在十月革命的影响下发生的，是无产阶级世界革命的一部分，表现了中国人民保卫民族独立与争取民主自由的坚强意志，它标志着中国新民主主义革命的开始。

为了继承和发扬"五四"运动的光荣传统，1939年陕甘宁边区西北青年救国联合会规定5月4日为中国青年节。解放后，政务院于1949年12月正式宣布5月4日为中国青年节。下面列举一些对联供书写时参考：

革命青年奔正道　一代新秀写春秋

数风流还看当代　好儿女志在四方

想四化干四化投身建设四化　惜青春献青春立志不负青春

"六一" 节由来

"六一"儿童节快要到时，许多父母忙着到商店为孩子选购新奇的玩具、漂亮的衣服，给孩子准备营养食品、美味佳肴，或是筹划着带孩子到公园、游乐场所痛痛快快地玩一天。可是，很少有人给孩子讲讲"六一"的来历，讲讲在幸福的童年时光最值得珍惜的是什么……

因此，在欢度佳节之余，建议父母们不妨给孩子讲讲"六一"的来历。让孩子们知道早在1925年国际儿童幸福促进会第一次国际大会后，一些国家先后规定了自己的儿童节。中国曾从1932年起规定4月4日为儿童节，1949年11月，在莫斯科召开的国际民主妇女联合会执委会上，正式决定每年6月1日为国际儿童节。同年12月28日中华人民共和国政务院通令规定6月1日国际儿童节也为中国的儿童节。在告诉孩子今天的幸福生活来之不易的同时，还可以给他们讲讲世界上还有许多和他们一样大的儿童还没有获得生存、保健和受教育的权力，提醒那些已经上学的孩子懂得我国还是个发展中国家，在我国一些老、少、边、穷地区还有不少他们的同龄人因贫困而失学，需要人们帮助。

如果父母都能有意识地告诉孩子，幸福不会从天降，人生活在世上不只为享乐，还须努力奋斗，珍惜童年的大好时光，懂得爱惜劳动果实，懂得助人为乐，懂得事事要从小做起。那么"六一"就不仅是孩子们尽情欢乐的一天，而且是他们逐渐长大、深受教益的一天了。

中国共产党诞生日"七一"的由来

据党史研究工作者近年来的考证，党的一大不是在1921年7月1日召开，而是7月23日至31日举行。那么"七一"却是党的诞生日，这是怎么回事呢？

事情是这样的：早在抗日战争初期，在延安的一大代表只有毛泽东、董必武两位。他们回忆党的一大召开日期时，只记得是1921年7月，但记不清确切日期，于是把7月的月首7月1日作为中国共产党的诞生日。毛泽东同志在1938年5月发表的《论持久战》一书中指出："今年7月1日，是中国共产党诞生十七周年纪念日。"在这里，他把7月1日作为象征性的纪念日正式提出并公诸于世。这里并没有说7月1日就是党的一大召开的日期。董必武同志回忆党的一大时说："我记得（一大期间）纲领是提出来了，7月1日这个日子是后来定的。真正开会的日子，没有哪个说得准的。"

1941年6月，党中央发出的《关于中国共产党诞生二十周年抗战四周年纪念指示》中写道：今年"七一"是中国共产党的二十周年，"七七"是抗日战争的四周年，并号召举行纪念活动。这是第一次以党中央的名

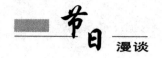

义明确"七一"是党诞生纪念日。从此,"七一"便成为党的生日。

下面列举一些对联供书写时参考:

情深似海　恩重如山

共产党恩泽四海　毛主席名流万年

党风正世风清长空有星皆拱北　士气高民气顺大地无水不流东

"八一"建军节

1927年大革命失败后,为了挽救革命,中国共产党决定对国民党的大屠杀实行武装抵抗。8月1日,在周恩来、朱德、贺龙、叶挺、刘伯承等领导下,三万余名受共产党影响的北伐军在江西南昌举行武装起义,歼灭国民党三个多师。次年四月起义部队在朱德、陈毅率领下到达井冈山和毛泽东领导的部队会师。南昌起义是中国共产党在革命的危急关头向国民党反动派打响的第一枪。这次武装起义,在全党和全国人民面前树立了一面鲜明的武装斗争的旗帜,为中国共产党独立领导革命武装斗争的历史写下了光辉的第一页,为伟大的人民军队的创建作出了重要贡献。

以8月1日为建军节是在1933年确定的。

1933年6月26日,党在革命根据地的最高领导机关——苏区中央局,根据中央革命军事委员会的建议,作出了以8月1日为中国工农红军成立纪念日的决定。6月30日,中央革命军事委员会发布了关于决定"八一"为中国工农红军成立纪念日的命令。命令指出:"1927年8月1日发生了无产阶级政党——共产党领导的南昌起义,这一起义是反帝的土地革命的开始,是英勇的工农红军的来源。""本委会为纪念南昌起义与红军成立,特决定自1933年起,每年8月1日为中国工农红军成立纪念日。"

中国人民解放军组成后,仍然以8月1日为建军节。

节日这天,全国陆、海、空部队和军事机关院校举行各种纪念庆祝活动。全国各地在这一天也展开拥军优属活动,以示对人民子弟兵的拥

护和爱戴。下列举有关对联供活动参考:

人民战士　祖国精英

热血洒疆土　铁臂筑长城

光荣传统光荣史　钢铁长城钢铁兵

教师节

教师节是我国全体教师自己的节日。建立教师节,是我国教师受到全社会的尊敬的标志。

1981年,天津市有一位教师在《光明日报》上提出建议,教师在我国是一支庞大的队伍,他们肩负着为国家造就新的一代的神圣职责,教师应有自己的节日,"日期最好在暑假开学后的第十天为宜。"自此以后,全国各地教师和学生纷纷响应,提出建立教师节的各种倡议。1985年1月1日全国人大常委会终于通过了建立教师节的议案,决定每年9月10日为"教师节",自此时起,教师有了自己的节日。

国庆节

10月1日是中华人民共和国成立纪念日,亦称"国庆节"。1949年3月5日中国共产党在河北省平山县西柏坡村召开了七届二中全会。会议完满地解决了夺取新民主义革命彻底胜利,和由新民主主义社会转变为社会主义社会的重大问题,为建设新中国作了政治上思想上的准备。1949年6月15日至19日,中国共产党召集各民主党派和各方面代表人士,在北平举行了新政治协商会议筹备会,并开始了建立中华人民共和国的准备工作。1949年9月21日,中国人民政治协商会议第一次全体会议在北平隆重开幕,会议通过了《中国人民政治协商会议组织法》《中国人民政治协商会议共同纲领》。《共同纲领》起着临时宪法的作用,它规定中华人民共和国为新中国的国家名称,国家性质是工人阶级领导的,以工农联盟为基础的人民民主专政国家。

中国人民政治协商会议选举毛泽东为中央人民政府主席。会议决定

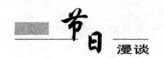

中华人民共和国首都北平，改名北京；国旗为五星红旗；国歌未正式制定前，以《义勇军进行曲》为国歌；采用公元纪年。1949年10月1日是中国人民欢欣鼓舞的日子。下午二时，中华人民共和国中央人民政府委员会举行第一次会议。会议决定：宣告中华人民共和国中央人民政府成立，以《中国人民政治协商会议共同纲领》为中央人民政府的施政方针。下午3时，首都30万群众高高兴兴地齐集在天安门广场，隆重举行开国大典。典礼一开始，党和国家领导人登上天安门城楼，毛泽东主席亲手升起第一面国旗，庄严向全世界宣告：中华人民共和国成立了。

为什么定"10月1日"为我国国庆日呢，作为一个纪念日它的由来是这样的：

1949年10月9日下午3时，中国人民政治协商会议第一届全国委员会第一次会议在中南海勤政殿召开，由马叙伦委员提出建议，提请政府明确规定10月1日为中华人民共和国国庆日。马叙伦委员因故请假，未能出席会议，委托许广平委员将这一建议带到会上提出来，获得一致通过。在此之前，毛泽东曾选定1950年1月1日作为国庆日，但随着中国革命的迅速胜利，在这次会议上，他也赞成以10月1日作为国庆日。毛泽东说："我们应作一提议，向政府建议，由政府决定。"

1949年12月2日，中央人民政府通过《关于中华人民共和国国庆日的决定》，规定每年10月1日为中华人民共和国国庆日，并以这一天作为中华人民共和国诞生的日子。从此每年10月1日就成了全国各族人民隆重欢庆的共同节日。

庆祝国庆节的方式很多，有国庆文艺晚会、国庆招待会、茶话会、国庆阅兵、国庆征文、国庆成果展览等等。国庆节这一天，要对坚守生产岗位的职工进行慰问。为庆祝国庆也有贴对联的，下面列举一些对联供书写时参考。

江山千里秀　祖国万年春

五星红旗映日月　四季花放妆山河

祖国与天地同寿　江山共日月争辉

锦绣河山添锦绣　光明中国更光明

举国腾飞兴大业　各族团结振中华

年年国庆庆祝新胜利　处处笙歌歌唱大丰收

看祖国前景信心百倍　望世界未来豪情满怀

迎国庆曲曲赞歌献给党　度佳节副副新联发于心

民富国强看英雄欢笑迎　山南海北赞改革歌舞颂

中国少年先锋队的诞生

一九四九年一月一日，新中国还没有成立，党中央就通过决议，委托青年团建立和领导解放后全国统一的少年儿童织织。

一九四九年十月十三日，青年团中央发布建议，中国少年儿童队正式诞生。

一九五三年六月，团的第二次全国代表大会通过决议，把中国少先队改名为中国少年先锋队。

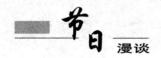

外国节日

各国重要节日、纪念日一览表

日　期	名　　称	开始年份
	一　月	
1日	海地独立日（国庆）	1804
	古巴解放日（国庆）	1959
	苏丹独立日（国庆）	1956
	巴勒斯坦武装斗争开始日	1965
	文莱苏丹国独立日（国庆）	1984
4日	缅甸独立日（国庆）	1948
	老挝爱国战线成立日	1956
9日	巴拿马人民爆发反对美国侵略、	
	维护国家主权的爱国正义斗争日	1964
11日	阿尔巴尼亚社会主义人民共和国成立日	1946
13日	多哥国家解放日（推翻格鲁尼兹基政府）	1967
	加纳民主救国日（"一·一三"革命）	1972
17日	柬埔寨革命军建军日	1968
18日	突尼斯革命节	1952
20日	老挝人民解放军建军节	1949
21日	列宁逝世日	1924
25日	乌干达军事接管日（国庆）	1971
	朝鲜人民军建军节	1932

日　　期	名　　　称	开始年份
26日	澳大利亚日（国庆）	1788
	印度共和国日（国庆）	1950
28日	何塞·马蒂诞辰	1853
二　　月		
1日	马来亚民族解放军建军节	1949
2日	苏丹人民武装部队节	1971
3日	越南劳动党（现称越南共产党）成立日	
	（为前身印度支那共产党成立日期）	1930
6日	新西兰日（威坦哲日）（国庆）	1840
7日	格林纳达独立日（国庆）	1974
11日	雅尔塔协定签订日	1945
12日	缅甸联邦节	1947
18日	尼泊尔国家民主日（国庆）	1951
	冈比亚独立日（国庆）	1965
19日	墨西哥陆军节	1950
23日	苏联建军节	1918
	圭亚那合作共和国日（国庆）	1970
25日	捷克斯洛伐克劳动人民胜利日	
	（即二月革命纪念日）	1948
	科威特国庆日	1961
26日	伊朗国王和人民革命纪念日	
	（原称"白色革命"）	1963
27日	多米尼加共和国宣布独立日（国庆）	1844
三　　月		
1日	朝鲜"三·一"人民起义纪念日	1919
2日	第三国际成立日	1919

日 期	名　　称	开始年份
	摩洛哥国王登基日（国庆）	1961
	苏丹国家统一日	1972
4日	加拿大国际主义战士白求恩诞辰	1890
5日	斯大林逝世日	1953
	赤道几内亚独立日（国庆）	1969
6日	加纳独立日（国庆）	1957
12日	毛里求斯独立日（国庆）	1968
14日	马克思逝世日	1883
17日	爱尔兰国庆日	
18日	"巴黎公社"起义纪念日	1871
19日	越南全国反美日	1950
20日	突尼斯独立日（国庆）	1956
21日	墨西哥民族英雄贝亚托·胡亚雷斯诞辰	1806
22日	老挝人民革命党成立日	1955
23日	巴基斯坦日（国庆）	1956
25日	希腊独立日（国庆）	1821
26日	孟加拉国国庆日	1971
28日	缅甸人民军建军节	1948
29日	马达加斯加全国起义（反法起义）纪念日	1947
	菲律宾新人民军建军节	1969
四　　月		
4日	埃塞俄比亚胜利日	1941
	匈牙利解放日（国庆）	1945
	塞内加尔国庆日	1959
13日	乍得国庆日	1975
15日	金日成诞辰	1912

日　期	名　　　　称	开始年份
16日	丹麦女王玛尔格蕾特二世生日（国庆）	1940
17日	叙利亚国庆日	1946
	民主柬埔寨国庆节（金边解放日）	1975
18日	万隆会议召开纪念日	1955
19日	南朝鲜人民"四·一九"起义纪念日	1960
	古巴吉隆滩胜利纪念日	1961
	塞拉利昂共和国日（国庆）	1971
22日	列宁诞辰	1870
25日	意大利解放日	1945
	葡萄牙国庆日	1973
26日	坦桑尼亚联合日（国庆）	1964
27日	多哥国庆日	1960
29日	日本天皇裕仁生日（国庆）	1900
30日	荷兰女王朱丽安娜生日（国庆）	1909
	马来亚共产党成立日	1930
	瑞典国王卡尔十六世古斯塔夫生日（国庆）	1946
五　　月		
5日	马克思诞辰	1818
	荷兰解放日	1945
	丹麦解放日	1945
	阿尔巴尼亚烈士节	1960
8日	罗马尼亚共产党成立日	1921
	德意志民主共和国解放日	1945
	挪威解放日	1945
9日	捷克斯洛伐克国庆日（解放日）	1945
	战胜法西斯德国纪念日	1945

日 期	名 称	开始年份
	南斯拉夫胜利日	1945
	罗马尼亚独立日、胜利日	1877、1945
14日	巴拉圭独立日（国庆）	1811
	华沙条约签订日	1955
	摩洛哥王家武装部队成立纪念日	1956
15日	巴勒斯坦日	1959
17日	挪威宪法日（国庆）	1814
19日	胡志明诞辰	1890
20日	扎伊尔人民革命运动诞生日	1967
	喀麦隆国庆日	1972
22日	斯里兰卡共和国（国庆）	1972
23日	印度尼西亚共产党成立日	1920
25日	阿根廷一八一〇年五月革命纪念日（国庆）	1810
	约旦独立日（国庆）	1946
	德意志联邦共和国根本法生效日（国庆）	1949
	非洲解放日	1963
	苏丹五月二十五日革命节（国庆）	1969
28日	巴勒斯坦解放成立日	1964
六　月		
1日	突尼斯胜利日（国庆）	1955
	西萨摩亚独立节（国庆）	1963
2月	意大利共和国成立日（国庆）	1946
4日	汤加王国国庆日	1970
5日	丹麦宪法日	1849
6日	瑞典国旗日（国庆）	1916
12日	菲律宾共和国宣布独立日（国庆）	1898

日　期	名　　称	开始年份
17日	冰岛宣布共和国成立日	1944
18日	保加利亚人民领袖季米特洛夫诞辰	1882
	埃及纪念英国撤军日	1956
22日	苏联卫国战争纪念日	1941
23日	卢森堡国庆日	
24日	西班牙国王胡安·卡洛斯一世命名日（国庆）	
25日	朝鲜祖国解放纪念日	1950
	莫桑比克独立日（国庆）	1975
26日	马达加斯加独立日（国庆）	1960
	不定期（一般在6月上旬）	
	英国女王伊丽莎白二世生日（国庆）	1926
	七　月	
1日	加拿大独立日（国庆）	1867
	卢旺达独立日（国庆）	1962
2日	保加利亚人民领袖季米特洛夫逝世日	1949
4日	美国独立日（国庆）	1776
	南斯拉夫战士节（人民起义日）	1941
5日	委内瑞拉独立日（国庆）	1811
6日	马拉维独立日（国庆）	1964
	科摩罗独立日	1975
10日	阿尔巴尼亚人民军建军节	1943
	巴哈马独立日（国庆）	1973
11日	蒙古人民革命纪念日（国庆）	1921
12日	圣多美和普林西比独立日（国庆）	1975
14日	法国国庆节	1789
	伊拉克共和国日（国庆）	1958

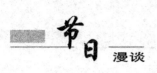

日　期	名　　　称	开始年份
17日	阿富汗共和国日（国庆）	1973
20日	哥伦比亚宣布独立日（国庆）	1810
21日	比利时国庆日	1831
22日	波兰国家复兴节（国庆）	1944
23日	埃及国庆日（革命日）	1952
25日	突尼斯共和国日	1957
26日	利比里亚独立日（国庆）	1847
	古巴全国起义日（国庆）	1953
27日	朝鲜祖国解放战争胜利纪念日	1953
28日	秘鲁独立日（国庆）	1821
	第一次世界大战爆发日 （奥匈帝国向塞尔维亚宣战）	1914
29日	马尔代夫独立日（国庆）	1976
30日	苏联共产党成立日	1903
	八　　月	
1月	瑞士联邦成立日（国庆）	1291
	叙利亚建军节	1946
	贝宁宣布独立日	1960
5日	恩格斯逝世日	1895
	玻利维亚独立日（国庆）	1825
9日	新加坡国庆日	1965
10日	厄瓜多尔宣布独立日（国庆）	1809
15日	缅甸共产党成立日	1939
	朝鲜解放日	1945
	刚果国庆日（八月革命）	1963
17日	阿根廷民族英雄圣·马丁将军逝世日	1850

日　　期	名　　称	开始年份
	印度尼西亚宣布独立日（国庆）	1945
	加蓬独立日（国庆）	1960
19日	越南"八月革命节"	1945
23日	罗马尼亚国庆（解放）日	1944
25日	乌拉圭独立日（国庆）	1825
26日	纳米比亚日（联合国纳米比亚理事会宣布）	1973
31日	马来西亚国庆日	1957
	不定期（每年8月第一个星期一）	
	特立尼达和多巴哥独立日（国庆）	
	牙买加独立日（国庆）	1962
九　　月		
1日	第二次世界大战爆发日（德国入侵波兰日）	1939
	坦桑尼亚英雄节	
	利比亚革命日（国庆）	1969
	卡塔尔国庆日	1971
2日	越南社会主义共和国宣布独立日（国庆）	
	（1976.7.2宣布成立越南社会主义共和国）	1945
3日	圣马力诺国庆日（圣马力诺节）	301
	比利时解放日	1944
	胡志明逝世日	1969
4日	法兰西共和国成立日	1870
6日	巴基斯坦保卫日（纪念1965年印巴战争）	1966
	斯威士兰独立日（国庆）	1968
7日	巴西独立日（国庆）	1822
9日	保加利亚社会主义革命纪念日（国庆）	1944
	朝鲜民主主义人民共和国成立日（国庆）	1948

日　期	名　　称	开始年份
11日	巴基斯坦创建人真纳逝世日	1948
12日	几内亚比绍国庆日	1973
	埃塞俄比亚人民革命日（国庆）	1974
	佛得角共和国国庆日	1975
15日	哥斯达黎加独立日（国庆）	1821
	萨尔瓦多独立日（国庆）	1821
	危地马拉独立日（国庆）	1821
	洪都拉斯独立日（国庆）	1821
	尼加拉瓜独立日（国庆）	1821
	保加利亚人民共和国成立日	1946
16日	墨西哥独立日（国庆）	1810
18日	智利独立日（国庆）	1810
22日	马里宣布共和日（国庆）	1960
24日	沙特阿拉伯国庆日	1932
25日	阿尔及利亚民主人民共和国成立日	1962
26日	新西兰自治领日	
	阿拉伯也门共和国革命和宣布共和日（国庆）	1962
28日	第一国际成立日	1864
29日	阿拉伯叙利亚共和国成立日	1961
30日	慕尼黑协定签订日	1938
	柬埔寨共产党成立日	1960
	博茨瓦纳独立日（国庆）	1966
十　月		
1日	尼日利亚独立日（国庆）	1960
	塞浦路斯国庆日	1960
	喀麦隆统一节	1961

日　期	名　称	开始年份
2日	几内亚宣布共和日（国庆）	1958
4日	莱索托独立日（国庆）	1966
7日	德意志民主共和国成立日（国庆）	1949
9日	乌干达独立日（国庆）	1962
10日	朝鲜劳动党成立日	1945
	斐济独立日（国庆）	1970
12日	世界西班牙文明日（国庆）	
	（即哥伦布航行到美洲大陆的日子）	1492
	赤道几内亚独立日（国庆）	1968
14日	也门民主人民共和国国庆日	1963
21日	索马里革命节（"十月二十一日革命"）（国庆）	1969
24日	联合国日	1945
	赞比亚独立日（国庆）	1964
25日	罗马尼亚建军节（军队日）	1944
26日	伊朗国王巴列维生日（国庆）	1919
	奥地利国庆日	1955
	贝宁人民武装力量日	1972
29日	土耳其宣布共和国成立日（国庆）	1923
十一月		
1日	阿尔及利亚国庆日	1954
3日	巴拿马独立日（国庆）	1903
5日	阿拉伯也门共和国武装部队日	1967
7日	苏联伟大十月社会主义革命节（国庆）	1917
	菲律宾共产党成立日	1930
8日	阿尔巴尼亚劳动党成立日	1941
11日	第一次世界大战停战协定签订日	1918

日 期	名 称	开始年份
	马尔代夫共和日	1968
	安哥拉独立日	1975
12日	科摩罗国庆日（参加联合国）	1975
	加拿大国际主义战士白求恩逝世日	1939
15日	比利时王朝日（国庆）	
17日	扎伊尔建军节	1960
18日	阿曼国庆日	
19日	摩纳哥国庆日	
	泰国人民解放军建军节	1968
22日	黎巴嫩独立日（国庆）	1943
	几内亚人民战胜侵略纪念日	1970
24日	扎伊尔第二共和国日（国庆）	1965
26日	蒙古人民共和国成立日	1924
28日	恩格斯诞辰	1820
	毛里塔尼亚独立日（国庆）	1960
	布隆迪宣布共和国日（国庆）	1966
29日	阿尔巴尼亚解放日（国庆）	1944
	南斯拉夫共和国日（国庆）	1943
30日	巴巴多斯独立日（国庆）	1966
	也门民主人民共和国独立日（国庆）	1967
	贝宁国庆日	1972
	十二月	
1日	泰国共产党成立日	1942
	中非帝国国庆日	1958
2日	古巴革命武装部队日	1956
	阿拉伯联合酋长国国庆日	1971

日 期	名 称	开始年份
	老挝国庆日（老挝人民民主共和国成立日）	1975
5日	泰王国国庆日（国王生日）	1927
6日	芬兰宣布独立日（国王生日）	1917
7日	象牙海岸国庆日（原为8月7日，从1975年改为此日）	1975
9日	秘鲁陆军节（阿亚库乔战役胜利）	1824
11日	上沃尔特共和国成立日（国庆）	1958
12日	肯尼亚共和国日（国庆）	1964
13日	马耳他宪法日（国庆）	1974
16日	巴林国庆日（酋长即位日）	1962
17日	不丹国庆日（已故国王吉格梅·多吉尔·旺楚克生日）	1907
18日	尼日尔国庆日	1958
19日	越南全国抗战纪念日	1946
21日	斯大林诞辰	1879
22日	南斯拉夫人民军建军节	1941
	越南人民建军节	1944
23日	埃及胜利日（即苏伊士运河战争胜利日）	1956
25日	巴基斯坦创建人真纳诞辰	1876
28日	尼泊尔国王比兰德拉生日（国庆）	1945
30日	苏维埃社会主义共和国联盟成立日	1922
	罗马尼亚共和国宣布成立日	1947

各国节日拾零

各国新年风俗

蒙古 新年正好是畜牧节。冬老人扮成牧童的样子，手持长鞭、火镰、打火石和烟壶，以示牧人不怕远行和孤独。

日本 新年的风俗深受中国影响，又有其鲜明的民族特色。

新年是日本最热闹的一个节日，休息时间也最长，他们称为"正月休假"。古时候，日本和中国一样，很重视阴历年，后来日本改用阳历，元旦就成为最隆重的新年。年前家家都要在门前搭门松。这一习俗是平安时代从唐朝传入的。当时中国把松树奉为公爵，视作吉祥树木。所以它在日本，还有迎神之意。不少人家的门楣上，还要缘用"裹白"编织物、桔子、草绳和白纸串等物。据说，松竹代表长青不老；桔子是橙色的，在这种情况下读音和"代代"相同，象征代代兴旺；草绳，日本人称"注连绳"，多挂于神殿、神门、祭场之上，有敬神招财之意；"裹白"是一种长白色叶子的植物，表示纯洁无瑕；白纸串则意味着净化与避邪。另外，人们还常以龙虾作装饰品，他们认为龙虾像个弯腰驼背的老人，象征全家人长命富贵。

年前另一件大事就是准备具有日本特色的新年食品，其中最主要的是年糕和"杂煮"。年糕在日文里写作"饼"，是一种象征着幸运的吉庆食品。出于重视，日本人做年糕要选择好日子。他们通常在"晦日"（十二月三十日）做，如果这天没空，就会在二十八日做好。二十九日是绝对不能做的，因为"九"字与"苦"字发音相同，这一天做的年糕便会是带来痛苦的"苦饼"。新年菜肴中最重要的是"御节料理"和

"杂煮"。"御节料理"其实是些煮牛蒡、鱼子、沙丁鱼干、海带卷、甘薯泥和栗子作的甜团子等极普通的食物。之所以用这些简单却又有象征意义的食品作节日菜肴，是出于求吉利的心理。杂煮年糕、山芋、红萝卜、青菜等烩于一锅，其意更为丰富。这些原料多是敬神的供品，又供多人食用，所以有同吃神仙之物的意思。这种菜还意味着快乐，其中的几片小萝卜表示家庭成员关系密切、和睦；小青芋有清除邪念的魔力等。

除夕夜，全家团圆，吃过年夜饭后即围坐守岁。夜半十二点，著名寺庙的钟声通过电视台传送到全国。钟鸣一百零八次，据说这钟声可以驱走一百零八个魔鬼。在钟声余音袅袅之中，人们互致新年祝愿，并一起就座，"番头"（一家之主）坐上席，两旁是家眷。"番头"先取出扇子，发表祝词，接着大家一起说祝词，然后分吃年糕，饮"神酒"——屠苏酒。

日本人新年的第一件大事就是"初诣"，即赶到神社或寺庙去作一年的第一次参拜，以祈求新的一年有个好的运气。祈祷时，要往殿前设置的箱子里扔点钱，算是向神佛捐香资，祈祷毕，人们往往花钱抽个神签，还可以买个"神矢"，让神明保佑自己平安度过这一年。

从初一开始，下属对上司、亲戚朋友及街坊同事之间便互相拜年，来来往往，十分忙碌。他们称之为"年始巡访"，并称元月头三天为"三贺日"，元月为"睦月"。各户都置签名簿及铅笔于户外，贺客留下姓名或插名片于簿间，表示来过。也有人去拜年时，准备许多条毛巾，上面写上自己的名字，每到一家就送上一条。

互送贺年片，也是日本新年的一大特色。日本是世界上发送贺年片最多的一个国家。日本邮局递送贺年片的方法很特别。他们把年前所有的贺年片都集中在元旦那天送到收件人家中。新年那天，人们坐在"榻榻米"上欣赏那来自各方的各式各样的贺年片，忆往迎新，实在是一种特殊的享受。贺年片起源于中国，但日本有一种中国没有的习惯，就是有亲属去世者不收发贺年片。这一习俗来自佛教。佛教主张服丧期间不去娱乐场所、不大声喧哗、不设宴席，而以寂静的心情和默默的行动祝

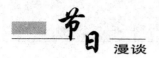

愿故人冥福。

元月四日各机关、企业开始办公。这天就称作"仕事始"。各官署、公司均备有简单的酒菜，同事间相互举杯庆贺，女职员均穿上鲜艳服装，争妍斗丽，人们整天都沉浸在欢乐之中。

朝鲜 新年在朝鲜称为元日，时间在阴历正月初一。节日前夕，家家要洒扫庭院，张贴对联、年画，制做岁馔（年饭）和岁装（元日穿的新装）。元日清晨，男女老少穿上新装，先举行"茶礼"（即"祭礼"），祭祀祖先，接着晚辈给长辈拜年，长辈以岁馔相谢。亲友们互相祝福。这些习俗与我国颇为相似，但他们还有两个特有的活动。其一是"送鬼"：年前扎好一个稻草人，把一些钱塞在里面，大年初一凌晨即把它扔到十字路口，表示送走魔鬼，迎来吉星。其二是"烧发"：他们平常把梳头时掉落的头发都积存在梳妆盒内，元日傍晚，即将这些头发烧于门外，以此避邪驱瘟，祈求四季平安。

节日期间，人们还爱吃一种"药饭"。这种饭先将糯米稍稍蒸一蒸，然后拌入蜂蜜、栗、枣、松子、油、酱等，再蒸后即可食。因早先视蜜为药，故名之曰"药饭"。这种饭，也用于待客和祭祖。据说吃这种饭可使日子过得丰富而甜蜜。

越南 早先，越南人的新年是不固定的，有时一个月一个月地轮流，有时又因喜好而定。如人们喜欢黑色时，新年就定在一月；偏爱白色时，就选在十二月；崇尚红色时，十一月又成了新年的伊始。后来我国太阴历传入越南，才逐渐把农历正月初一作为一年的开端。

越南各民族庆祝春节的活动丰富多彩、各具特色。埃地族最热闹的是除夕联欢活动。这一天，除了聚会欢宴以外，还有各种精彩的竞技表演。如"射弩箭"：比赛时，靶子根据射者技术高低而定，可以是一棵树、一根草、一片叶子，也可以是一个抛起的瓶子、一只奔逃的鸡，最精彩的是在距离射者二三十米远的地方固定一把匕首，弩弦一响，迎面飞来的弩箭往往就会被匕首的锋刃一剖两半。又如"顶杵"：一个身体魁梧的青年，紧握一根舂米的木杵上场邀请伙伴比试。赛者各握木杵一端，用力相推，以前进者为胜。先是一对一，继而可一对二，一对三。如三个人还推不过一个人，那胜者就被认为是村寨中最有力气的人。晚上，人们围着篝火载歌载舞，彻夜不眠。第二天清晨，以"标牛"的舞蹈把喜庆活动推到沸点：青年们一手挽盾牌，一手持标枪，跳着舞向一头拴在幡杆下的雄牛刺去。随着鼓声愈益激越，舞蹈动作愈益迅猛，直到把牛刺死。这项活动要求在日出前完成。

京族人春节最喜好的是赶庙会。庙会上，五里八乡的长龙队、狮子队争相竞技，场面十分热烈。人们还进行猜谜、对歌、一只手提泥鳅等许多游戏，其中最有趣的是妇女的煮饭游戏。她们先比赛跑步取水、点火、舂米，然后用同样的水、柴和米比赛谁先把饭煮熟。这种比赛有时在水上进行，那就更有意思了：赛者先比赛吃甘蔗，看谁吃得快、嚼得干，然后用甘蔗渣作燃料烧饭。做饭时，还要同时照料一个孩子，看守一只青蛙，不能让它跳到水里。这样，谁最先把饭做熟，谁将被认为是这一年里最吉利的人。

柬埔寨 以释迦牟尼诞生为纪元，每年佛历五月，公历四月十四日至十六日为新年。新年期间，所有寺院都悬挂着佛教的五色旗帜和白色的鳄鱼像旗。人们穿着节日盛装，熙熙攘攘地到寺院朝拜，并在长老们的指点下，在寺院周围筑起五个或七个沙丘，以此预祝五谷丰登，人丁兴旺。

缅甸 缅甸钦族的新年在公历十月间，有些地区称之为"跨朵节"。"跨朵节"原来是一种宗教仪式。举行仪式期间，祭司们洒水焚香祭祀善神，祈求神灵保佑全村老幼吉庆平安。后来，逐渐演变为新年。钦族人认为，节日期间，只有全村欢聚一堂，热热闹闹地过一个大团圆节，在新的一年里才可能身心愉快，万事如意。因而，每到过节时，全村寨家家户户都会慷慨地尽其所有，把自家的米、豆、鸡、猪、牛、米酒等贡献出来，供集体享用。男人们扎彩楼和敲锣打鼓，女人们则承担做饭摆宴和招待客人的任务。欢宴完毕，全体村民，尤其是青年男女，要携手歌舞，热闹通宵。

克伦族的新年在缅历十月初一。在这一天，他们把自己收获的豆、米谷、蔬菜、果品等东西做成美味佳肴，拜敬父母。然后，邀请亲友来家里聚餐。同时，他们把一年的粮食储存到粮仓里，并为这一年死去的人进行火葬，以告慰亡灵。

泰国 泰国人在新年时通常举行规模盛大的"赛象大会"。内容有人象拔河、跑象拾物、象跨人身、象足球赛、古代象阵表演等。

新加坡 农历除夕夜，孩子们都有守岁的习惯，一般要到午夜家长们祭毕神灵、祖先，放了鞭炮后才去睡觉。春节的第一天是小辈给长辈拜年的一天，也是孩子们的"红包"日，他们将从长辈那里拿到"红包"——压岁钱。过年时，人们爱吃油炸糯米和红糖做成的甜年糕。大街和乡村里，都有社团组成的舞狮、舞龙队作精彩表演。

新加坡人很多，他们有着诸多独特的习俗。除夕夜，他们认为最重要的事情就是全家吃团圆饭，散居的家庭各成员都要设法回家团聚。孩子们一定要守岁，因为那样会延长他们的寿命。出于对幸运、富裕、和平和长寿的向往，他们在新年期间有着种种的吉祥比喻和禁忌。往往在贺年片上画一盘苹果、画一池荷花和游动的金鱼，因为苹果有和平之意，荷花既意味着和平，又有出于污泥而不染的高洁，鱼则因和汉语的"余"同音而成为富裕、吉利的象征。因此，他们在新年也特别讲究吃鱼，而且把鱼和蔬菜分别盛在圆碟子里，放调料搅拌时，一定要做着向上搅调的姿势，象征着事业的上升、发财和幸运。鉴于幸福之道四要素中"幸运"最未可知，他们多数人家中都贴一个红色金底的"福"字，贺年片上也常常印着振翅飞翔的蝙蝠。家中要悬挂红色小旗，以表示自己的信念。他们还习惯在春节期间吃桔子，其源在桔是"吉利"的吉的谐音。另外，大年初一，扫帚必须都收藏起来，绝对不许扫地，否则好运气就会被扫掉。

菲律宾 新年定在十二月底的一天。因为他们的爱国诗人、民族英雄何塞·黎萨尔为创导独立运动而在这一天就义。所以这一天也称为"英雄日"。这天，马路上彩楼林立，各地的群众沿街歌舞游行，鼓乐喧天。节日活动要持续六、七天。

印度尼西亚 新年期间，人们穿着节日新装访亲问友，互致节日问候，并借此机会反思过去一年的言行，检讨自己的过错，请求对方谅解，互祝进步。巴厘岛上的新年活动持续10天。新年前两周，当地居民纷纷忙于用染了色的大米做成两米长的柱子，供"上帝"享用，过完节，人们把柱子取回吃掉。据说，"上帝"会因为亲眼见了这些柱子而感到欣慰。

印度 新年的时间在公历三月中旬。除夕前，家家户户门前都张贴上各种精美的图画。从元旦凌晨开始到午夜为止，有些地区以禁食一天一夜来迎接新年。元旦这天，人们早早地提着精制的小灯，拿着红粉包，出门去给老人和亲友拜年。见了面，道了喜，就互相把红粉涂在额头上。年轻人则喜欢把红墨水装进水枪里，射到亲友们身上，表示新年红火、吉利。新年的前五天，各地都演出印度史诗《罗摩衍那》改编的戏剧，史诗中英雄角色的扮演者要与纸扎的巨人"作战"，用点着火的箭射中它。一旦纸扎巨人着火烧毁，观众便高兴地欢呼起来。

有趣的是，印度有些地方过年不但不庆祝，反而相抱大哭，据说是感叹岁月易逝，人生短暂。有些地方则在新年期间进行比武格斗，胜利者一举扬名，成为姑娘们追逐的对象。

巴基斯坦 新年在公历3月中旬。这一天，人们手拿红粉包出门，见了亲友，道过新喜，便互相将红粉涂在额上；年轻人则把红墨水装进水枪里，射到亲友身上，表示新年大吉大利，抬头见喜。

尼泊尔 新年在每年四月，也称光明节。每逢节日，人们要沐浴，穿上节日盛装。载有神像的花车在街上巡逻，接受人们朝拜。神像的脚边放着国王的宝剑。人们尽情欢乐，整整一周享用美酒佳肴，妇女则要恭恭敬敬地为客人斟酒上菜，并唱歌助兴。节日期间，一些年轻妇女见了带水罐的男人便绕道而行。

阿富汗 新年来临，人们互相登门道贺，说声"萨拉姆"（祝福之意）。政府为了进行绿化，鼓励发展畜牧业，曾特别将阿富汗新年这一天定为农民节，在首都和各省市中心举办植树和良种牲畜展览比赛，优胜者可获奖金和奖品。在阿富汗北部牧区，每逢新年，人们就举行紧张激烈的抢山羊比赛。比赛分两队进行，先把猎物扔进得分圈谁就为优胜者。

不丹 这一天，人们举行大规模的驱鬼避邪活动。寺院的喇嘛，一个个都装扮成"大神"：或是面目丑恶的牛头，或是奇形怪状的鸟兽，一面到处游行，一面诵经跳舞。他们坚信，这样可以给人们带来平安和幸福。

伊朗 伊朗的诺鲁兹节（春节），在伊朗历元月一日至十三日（相当于公历三月二十一日至四月初）这段时间。它是伊朗人两千多年来的传统节日。"跳火堆"是节日的一项主要内容，所以"诺鲁兹"也叫"跳火节"。跳火堆在一年最后一个星期三的晚上举行，故俗称"跳火的星期三"。

夜幕降临后，人们纷纷来到室外，聚集在干柴旁。随着火光的升起，男女老幼一个接一个地跳火堆。小伙子们腾空飞跃，姑娘们步态轻盈。一、二岁的婴儿也由妈妈抱着跳过，四、五岁的则由爸爸挟着一"飞"而过。最活跃的要算七、八岁的孩子们了，他们就像小松鼠一样在火堆上跳来跳去。人们不断向火里加柴。跳呀，笑呀，口里还不断地重复一句话："你给我红润，我还你蜡黄！"希望自己蜡黄的脸红润起来，似有消灾祛病、辞旧迎新之意。跳火堆的来历据说和伊朗古代的琐罗亚斯德教（拜火教）有关。该教认为新旧年的分界线是在旧年的最后一个星期二的正午时分，星期三是新年的第一天，这天晚间便点起火堆进行庆祝。后来，这个习俗也被罗马人、阿美尼亚人和土耳其人所仿效。

跳火堆结束后，少女们披着面纱，三三两两，一边敲着小银勺，一边哼着小曲，结伴到左邻右舍索取糖果，名曰"讨吉利"。他们还在隐蔽处听路人说话，以听到的第一句话来卜算一年的吉凶。除夕夜全家欢聚，吃"团圆饭"。桌上放着古兰经、伊斯兰教什叶派鼻祖阿黑的画像，及象征光明、诚挚、前程似锦的镜子、蜡烛、彩蛋和金鱼，饭菜很丰盛，但必须摆上豆苗或麦苗、苹果、醋、蒜、香料、麦芽糖和金银币等七样东西，它们象征着生机勃勃、硕果累累、生活充满甜蜜。蒜表示驱除恶魔，金银币表示招财进宝。这七样东西波斯语名称的第一个字母都是"S"，称为"哈夫特辛"。初一到初三，人们走亲访友贺年。正月十三的郊游是"诺鲁兹"的最后一项活动。伊朗人认为"十三"是个不吉祥的数字，全家出游踏青，以避邪恶，这一天郊外的公园绿野，游客如云。家家烧茶饮，烤羊肉，香味扑鼻，炊烟袅袅。姑娘们则远离人群，跪在清雅幽静的草丛中打草结，祝愿觅得如意郎君，结出甜蜜幸福的爱情之果。

土耳其 有些地方，习惯借宿度年端。除夕日，人们吃过午饭把家里收拾停当后，便携儿带女到预先约好的亲友家去借宿，在那里度过一年中的最初日子。

苏丹 元旦是狂欢日，举办各种游戏、歌舞等文艺活动。最独特的是，这一天必须是老年人跳舞，而青年人唱歌。

坦桑尼亚 新年前夕，沿海的斯瓦希里族人家家户户要用木炭爆玉米花撒在屋内各个角落，以示驱散妖魔，祈求幸福。他们还习惯用碗盘盛着玉米和菜豆饭放在门前，供串亲戚的过路人随便食用。元旦那天，人们闻鸡即起，姑娘们身穿节日彩裙，走家串户演唱民歌。早饭后，男女老少伴着鼓乐，成群结队地到海滩去洗澡，以此表示洗涤污浊，以新的面貌进入新的一年。

尼日利亚 除夕夜晚，在农村的一些部落里，人们点燃火把迎接新年。小伙子和姑娘们都到小河里洗澡戏水，谈情说爱，直到清晨。新年这天，大家可以尽情欢乐，不受部落戒律的约束。

埃塞俄比亚 每年的9月11日或12日是埃塞俄比亚人的新年。这正是雨季即将结束，收获就要开始的季节。在农村，那些天里，男男女女都穿着用手工织成的柔软白布做成的民族服装，挨门逐户，互相祝贺，迎接这一年一度的收获季节。

喀麦隆 除夕夜晚，人们通宵不眠。第二天一大早，各家把屋里的垃圾清除掉，然后吃上一顿美餐，表示进入了新的一年。

加纳 新年时，人们用棕榈叶建成各式各样的房子。房子里放上节日宴桌，桌上摆着传统的新年美味——烧公鸡。全家人围坐桌旁共进美餐。那些相互有意见的人，都借此机会和解。

索马里 八月是索马里的农历新年，是第一个雨季的第一个月。为了喜庆丰收，迎接雨水充沛的一年，人们都要尽情地欢乐一番。节日期间，人们穿着绚丽多彩的民族服装，围着熊熊的篝火载歌载舞。天真活泼的孩子们排着长队，一个个地跳篝火。不分男女，每满1岁跳一次，满几岁就要跳几次。1至3岁的婴幼儿由母亲抱着跳。只有跳满次数，才算烧掉了一年中的霉气，迎来了吉祥的一年。满了15岁的就算大人了，不再参加跳篝火，而是作为大人从旁呐喊助兴。

肯尼亚 肯尼亚人习惯在水中过节。他们或在河流及湖泊中游泳，或在印度洋内驾船载歌载舞地游海。

南非 新年与收获节是一个概念。族长在族民们欢快的歌舞声中，把一个熟透的南瓜摔到地下，表示新年开始。

马达加斯加 在新年前的一周里，马达加斯加的男女老少都不准吃肉，直到除夕晚上，才可以吃些禽类肉食。元旦这一天，夫妇都要向双方家长赠送表示敬意的鸡尾，而向兄弟姐妹和好友则赠送象征关心和友谊的鸡腿。

波兰 一些农村地区流行着一种妇女赶鬼驱邪的传统习俗。除夕夜吃过年饭后，妇女们人手一根特制的赶鬼棒，由年长的妇女带头齐集广场，然后分成若干小组，每组都有一人带领，挨家挨户地到墙院、居室去乱捣一番。她们认为，这样便可国泰民安。

匈牙利 人们除夕忌食飞禽和鱼类，唯恐吃了这些食物，幸福就会像飞禽那样飞走，像鱼儿那样溜掉。吃完年夜饭，许多年轻人都穿上节日盛装涌向热闹喧哗的街头。有趣的是，他们差不多每人都拿着一个喇叭。那喇叭约二尺长，是纸做的，能吹出各种美妙的音调，喇叭可以自己做，可以买，也可以从别人手中抢，在除夕夜，这种"抢劫"是既不失礼更不犯法的。元旦这天，好友之间经常赠送这样两件礼物：一是一块镀金的镍币，镍币的一面是飘然起舞的女天使，一面是"祝您新年幸福"的贺词；另一礼物是一个瓶状玻璃器皿，内画一头身穿红马夹的站立着的小肥猪，咬着奶头，举起右蹄向你致意，上面同样写有"祝您新年幸福"的字样。莫哈奇市的春节，在每年二月春耕前夕举行。节日里，男女青年身着鲜艳的民族服装。许多人身披白色羊皮袄，肩背装有麦种的布袋，头戴羊首牛面假面具，手摇发声的竹筒，在广场或街上载歌载舞。庆祝活动持续到下午五时，然后在广场上点燃禾草，熊熊烈焰腾空而起。莫哈奇人就这样送别了旧的 年。

西德 至今仍有不少地方保留着这样一种古老风俗：除夕之夜，男子们聚集在一起、喝酒、打牌直至午夜。快到十二点时，大家跳到桌椅上。元旦钟声一响，一个个往下跳，说是"跳进"新年，紧接着扔掉棍子，以示辞旧岁。有些地方还有传统的象征着"步步高升"的爬树比赛。赛场中设有几株高达数丈砍去枝叶的秃树，元旦的清晨，小伙子们一个个奋勇争先，谁都想第一个爬上树顶，以获得光荣无比的"新年英雄"的称号、奖品和新的一年里的好运气。

联邦德国 过新年时举行传统的爬树比赛。赛场中设有十几株高达数丈的秃树，小伙子们奋勇争先，谁获胜谁就是"新年英雄"，并发给他奖品。新年那天还组织乐队，通街游行演奏，欢庆新的一年到来。除此之外，许多地区用鞭击声、爆竹和化装假面人等驱赶凶恶的鬼神，不让它们进入新年。各地人们互赠吉祥之物，以祝愿来年交好运，有人把一片除夕鲤鱼鱼鳞放在钱包里，以使自己及其家庭财源茂盛。试图用这些祝福方式展望未来12个月并保佑他们来年幸福。

瑞士 和加拿大人一样，瑞士人也视雪为吉祥之物。过年时，他们都要从屋外取些白雪，化成水，洒在地上压尘，然后进行清扫。他们还成群结队到冰天雪地去游玩，以沐浴去旧，忘却人间的烦恼。

阿彭策地区的节日习俗更特别。那里每年一月三十一日过元旦，也称为新年。新年的庆祝仪式相当隆重，但只有男子才能参加。妇女们的任务是在节前为男人们赶制节日服装。人们用木头精心雕成圆盘形的头饰，有的象征房屋，有的象征村落、桥梁。庆祝仪式上，一些男子扮成象征善良和富有的女性，他们戴着漂亮的蜡制面具，口含小花，五光十色的头饰上，饰有祖先的箴言。另一些男子则装扮为恶魔，掺杂在队伍中。无论是"恶魔"还是"美女"，胸前背后都挂着大铃铛，随着他们的舞步而叮当作响。除大型活动外，人们白天也要戴着面具互相串门、拜年。每到一家，主人都会端出热腾腾的咖啡，客人则让主人猜假面具后面是谁。晚间，人们围着旅店和咖啡馆痛饮欢唱。

瑞典 许多人用草扎成小鹿，里面装了鞭炮和烟花，沿街叫卖。瑞典人多喜欢买这种小鹿来燃烧，以示除旧迎新。在除夕时，人们唱着祝祷歌守夜。新年清晨由家里最年轻的妇女穿上白衣裙、腰系红带，头戴点了蜡烛的冠冕，以食物奉客。

罗马尼亚 这里流行着富有民族特色的"拉犁"拜年的风俗。

每到新年时，2-5名3-13岁的少年儿童组成"童子队"，在除夕之夜给各家拜年，"拉犁"是他们的拿手好戏。一个孩子牵着一根缠有花布条的树枝，代表拉犁人和犁，之后有一孩子扶着犁把，就是扶犁人，其后是一个装扮成"马"的孩子，肩背大口袋，接受主人家给的礼物。其他孩子则站在一旁，大声朗诵一首叫"拉犁"的民谣，他们还猛抽皮鞭、摇铃，发出一种类似鞭炮齐鸣的巨大声响，以示喜庆和祝福。

而那些未婚的男青年则组成"后生团"，每人手拿一个贴有金属花或纸花的手杖，给各家各户拜年。他们在每家门前高喊"新年好"，走进院子后在乐器伴奏下表演民间歌舞。他们也表演"拉犁"，所不同的是，他们牵的不是树枝而是铁犁。"山羊舞"是后生团的拿手好戏，一个人把山羊头面具戴在头上，身上挂满了五颜六色的布条，山羊的嘴能张能闭，还会发出格格的声音。在民乐的伴奏下，这只"山羊"活蹦乱跳，作出各种舞蹈动作。跳完山羊舞，主人热情地把小伙子们请入室内，请他们品尝佳肴美酒，如果这家有未婚的姑娘，出于礼貌，小伙子还要邀请她们一块跳舞。拜完年后，"后生团"还要同全村男女青年欢聚一堂，载歌载舞，共度佳节。

保加利亚　新年前夕，每家都要采回许多柏树枝，并用五颜六色的绒线和彩带加以装饰。然后把这种装饰好的柏树枝扎成一束束的，让孩子们拿去给亲友拜年。他们认为，用这种树枝轻轻地拍打别人，会在新的一年中给他带来幸福、健康，使他万事如意。所以，元旦那天，在索非亚的大街上，可以看见许多穿着节日新衣的孩子们手里都拿着这种柏树枝。在南部罗多彼山区还有一种用石头给客人和亲友贺年的风俗，孩子们送去石头，对方回赠以糖果。在那里，石头是财富的象征。

除夕午夜，钟声响过十二下时，家家都要把灯熄灭三分钟，然后再重放光明。在吃年夜饭时，家长要把第一只羊羔、第一头牛或者第一只马驹，送给第一个打喷嚏的人。他们相信打喷嚏的人会给全家带来幸福。他们还盛行吃特制的新年蛋糕，蛋糕里放进了各种各样小小的礼物。谁吃到小钱币，表示新的一年里将成为一个富裕的人；谁吃到玫瑰花，则将成为一个幸福的人。

希腊　在提诺斯岛上，除夕前要搬进一块长满藓苔的大圆石头，象征财源茂盛，五谷丰登。克里特岛上，人们则在拜年时带上一块大石头，进屋后把它放在地板上，然后向主人祝愿："但愿你家有一块像石头一样大的金子！"

意大利　人们对于新年除夕，远比其他任何节日都更珍视。除夕夜晚，给他们送礼的不是许多西方国家惯常的"圣诞老人"，而是从"山里"来的身穿白衣的老婆婆。他们喜欢在除夕之夜尽情狂欢以迎新，同时一刻也没有忘记送旧。为了送走旧年，驱魔消灾，他们通宵达旦地燃放许多许多焰火、花炮，有些城市甚至鸣枪放炮，直到第二天天空还飘荡着浓浓的烟雾，散发着呛人的硫磺火药味。狂欢到午夜时分，许多人家都要找些旧东西从窗口扔到大街上，小到针管药瓶、大到洗澡盆，杯盘碗罐，凡是可以打碎的东西应有尽有。孩子们平时因疏忽打碎东西是要受责的，这时却可以随意打烂那些平日积攒下的瓶瓶罐罐。他们认为，这样可以去掉烦恼和恶运。这是他们辞旧迎新的传统方式。另外，元旦这天，各家都要燃起一炉旺火，昼夜不熄。这种风俗来自古罗马。

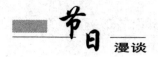

那时人们认为，人类最初用的火来自太阳。如果元旦那天家中火种一断，将一年见不到太阳。

西班牙 除夕夜，家家团聚在一起吃如意葡萄。当教堂响起午夜钟声时，大家便争着吃葡萄。如果能伴着钟声吃下十二颗，那么在新的一年里将每一个月都事事如意。在元旦那天，他们对小孩特别宽容，几乎满足孩子们提出的一切要求。因为他们认为，孩子在那天打架、骂人或啼哭，都是不祥之兆。过年时，他们手上还一定要拿一枚金币，这样才算有福气，穷人没有金币，就用铜币代替。

葡萄牙 在这个盛行斗牛之风的国度，每年元旦前后十天又正是斗牛的高潮，因此，斗牛成了他们节日的主调。每天每日，都有成千上万的观众，身着节日盛装，扶老携幼地涌向市镇斗牛场。

英国 许多人家有守岁的习惯。除夕之夜举家围坐，直至教堂鸣钟时再集体前往祈祷。随后人们欢唱辞岁歌，狂跳土风舞，彻夜欢腾直至天明。除夕深夜，人们还经常带着糕点和酒去拜访亲友。他们不敲门，径直走进里屋。在同亲友谈话之前，先拨弄壁炉里的火，以象征"开门大吉"。英国人与法国人在除夕喝干家中最后一滴酒的做法不同，他们认为必须余下酒肉，否则来年将会贫穷。

英国人爱在新年之际预卜来年的吉凶。如他们认为除夕午夜后第一个走进屋子的客人将预示着他们新的一年的运气。如果是个快乐、幸福而又富有的人，他们将交好运，反之则将倒霉。来访者姓名的第一个字母，也事关重大。如果这个字母象征着吉利，那么，主人在这一年里就将红运高照，否则就意味着厄运。

在苏格兰北部，还有一些奇特风俗。除夕夜，各户的家长都要到大街小巷游逛到午夜时分，然后再雇一个把脸涂得很黑的人作向导领着回家。元旦那天，他们有"卜蛋"的活动：取一盆清水，将蛋清放入水中，根据它的形状来卜知吉凶。

比利时 农村里，许多农民习惯于给动物拜年。他们在新年那天很早就起床，走到马、牛、猪、狗等动物旁边，亲切地对它们说一声"新年快乐"。

法国 人们有个习惯，除夕夜里必须把家中剩下的最后一滴酒喝完。他们觉得这样才可以轻轻松松地迎来新的一年，否则来年就要交厄运。新年钟声响了，他们最为关心的是这天的天气预报。因为他们惯于把元旦这一天的天气，特别是风向，看作是新的一年年景的预示：刮南风，将风调雨顺，一切顺利；刮西风，有一个捕鱼和挤奶的好年头；刮东风，水果将高产。元旦那天，每人身上都装上一些钱，以示今年的"富有"，并继续除夕之夜的狂饮，谁能把瓶子里的酒喝干净，就表示谁在新的一年里运气最好。然而，在很长时间里，这些只能是男子们的乐趣：元旦这一天，妇女们一般只能闷守在家里，免得让人见了视为"不祥之物"。

加拿大 人们视白雪为祥瑞之物。新年到来时，他们往往把雪堆在住宅周围筑成一道雪墙。他们相信，这样可以阻止邪魔进犯，带来欢乐与幸福。

美国 除夕之夜，许多人乐意在外举行篝火晚会。夜十二点，大家一起把旧物扔进火中烧掉。然后继续围着篝火歌舞狂欢，直至黎明。

墨西哥 许多地方有个奇特习俗：如果谁家的女儿年过十七，仍未找到对象，就失去了自由恋爱的权利。一些父母往往将女儿作为贺年礼物，送给他们看中的任何一个男人，女儿不得拒绝。因此，墨西哥的女孩子最怕过年。

在加利福尼亚半岛等地，村民们有挖抗辞旧的传统习俗：年终时在村边挖一个很深的坑，把家家户户大扫除时清出的垃圾破烂等最讨厌的东西都扔进坑里，在除夕深夜，全村人再齐心合力把坑填平。

古巴 有泼水除旧的习俗。每逢除夕之夜，家家户户男女老少人手一碗水，只待午夜教堂的钟声响过十二下，便把水泼到屋外。

哥伦比亚 在元旦的前一天，每条大街上都要树立一个象征旧年的大玩偶，并宣读"旧年"的遗言，说些某某得到哪些遗产之类的可笑的话，惹得大家都很开心。除夕时，大家互相欺骗，开玩笑。半夜里，将

"旧年"炸掉，人们在爆炸声中互相祝贺、亲吻，跳舞欢歌。然后全家人围坐在桌旁迎接新年的到来。他们每人面前放的不是美酒佳肴，而是一串葡萄，借吃葡萄来抒发自己的新年愿望。这串葡萄不多不少，正好12颗，每颗代表一个月。新年的钟声一响，大家开始吃葡萄。吃第一颗之前，心里默诵第一个月的心愿：吃第二颗，默诵第二个月的心愿，如此类推，一直把12颗葡萄吃光，把12个愿望默诵完为止。

委内瑞拉 委内瑞拉人以摔牛迎接新年。他们利用广场或宽阔的街道，四周用木栅围起来，便成了摔牛场。比赛时，摔牛士骑马拼命追赶公牛，一旦揪住尾巴，摔牛士就凭臂力和马的冲力，把牛摔倒在地。

巴西 "寻找幸福的'金桦果'"，是流行于巴西国度里的一项有趣的新年夜登山活动。每逢新年夜半，时钟敲过11下后，人们便高举火把，蜂拥上山，涌向森林，寻找幸福的"金桦果"。据说只有敢于攀登高峰的人，才能找到这种稀果。因此，为了获得幸福果，人们往往奋勇攀登，不避艰险，把新年喜庆的气氛推向了高潮。一旦找到，如获至宝，立即带回家中，细心地培植起来。

阿根廷 新年在炎夏中度过。阿根廷人热爱水，认为水是最圣洁的，可以冲刷掉一切污秽的东西。元旦那天，他们合家外出，到郊外的江河溪流中去洗"新年浴"。下水前先把花篮中的鲜花瓣撒落在河面上，然后一个个跳进落英缤纷的"花海"中，用花瓣搓揉全身。在他们心目中，新年花浴可以洗掉污垢和晦气，换来新的一年里的吉祥与如意。

智利 人们每年除夕夜都通宵不眠。无论男女老少都穿上节日新衣，只待教堂午夜钟声一响，就拥向公园或广场，在那里一边燃放鞭炮焰火，一边歌舞狂欢，直至天明。新年的早晨，将有一个短暂的宁静。等早饭过后，热闹场面便又再度出现。

苏格兰 送旧迎新之际，家家户户大门敞开，欢迎任何人做客。客人要随身带块炭，投到主人的壁炉中，意为愿炉火长久地燃烧，家庭兴旺。

澳大利亚 澳大利亚人以伐木比赛来欢度新年。伐木赛不用锯而是用斧。木分横放和竖放两种，看谁能以最快的速度将木砍断。

异国新年食俗趣闻

新年食俗，集中展示了一个民族的饮食文化传统和古老文明。由于地域、民族、信仰、生活习惯、情趣爱好等的不同，新年食俗也五彩缤纷，丰富多样。

喜吃甜饭　与我国一江之隔的朝鲜人，过新年时，要吃类似我国的"五味粥"、"八宝饭"，这样饭是用糯米配上松子、枣粉、蜂蜜煮成，以此预示新的一年，日子会更甜蜜。

吃素三天　与我国一衣带水的日本人，原与中国一样过阴历新年，现只过阳历新年。新年期间要吃三天素。在这三天里，只能吃面条和年糕，面条又细又长，意味着长寿，用大米做的年糕，表示来年更加富足。

禁止喝汤　越南北方地区和中国一样，过阴历新年。新年期间，绝对禁止喝汤，他们认为新年喝了汤，新的一年庄稼就会受涝。

只吃冷食　巴拉圭人在年终最后五天为"冷存日"。这五天，上自国家元首，下至平民百姓，都不动烟火，只吃冷食。新年零点钟声响后，才能开始点火煮食，大摆宴席欢庆新年。巴拉圭新年吃冷食的习俗，是为了纪念一次反殖民者的战斗。巴拉圭革命军在弹尽粮绝时，坚持作战，直到元旦黎明援军赶到，终于取得了胜利。

争吃葡萄　西班牙人在除夕之夜，全家人团聚在一起，等教堂的钟敲响12下，大家就争着吃葡萄，要力求按照钟声的节奏，吃下12粒，以表示新年吉祥如意。

酒要喝光　法国人在除夕之夜，各家要把家中的酒全部喝光。他们认为，新的一年如果家中还存有剩余的酒，来年就一定要遭厄运。

忌吃家禽　匈牙利人在过年时忌吃家禽。他们认为，家禽都是有翅膀的，吃了它们，在新的一年，幸福会随着"飞走"的。

过年吃素　东非岛国的马达加斯加人，在新年到来后的一周内，忌

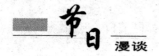

食猪、牛、马等肉类。

食鱼辞旧　居住在北极圈的爱斯基摩人，新年那天有个规定：只准吃鱼，不准食用其他东西。原来，这象征着新年捕获更多的鱼虾哩！

各种"元旦"的有趣来历

许多国家和民族的元旦十分有趣。

涨水元旦　埃及历是世界上最古老的历法，埃及人定出的岁首是根据尼罗河涨水这天定的。据说，在公元前4000年以前，埃及人在夜晚观察星象时，发现一颗最亮的恒星——天狼星，当它和太阳从东方地平线一同升起时，尼罗河便开始涨水了。因为埃及终年炎热，没有显著的四季而尼罗河每年却按照一定的时间涨水，这对人们的生产和生活关系很大，于是埃及人就把天狼星和太阳一同升起的这一天作为岁首——元旦。

干、雨季元旦　热带地方有些国家，是以雨季和干季作为新年标志的。如泰国每年3月至5月雨季到来之前，气候干燥炎热，土地干旱，急需甘露滋润，就在这个时候举行宋干节活动。"宋干"在泰语中是"求雨"的意思。4月13日至16日的宋干节，也即佛历新年。非洲的乌干达，每6个月就有一个雨季或干季。于是，他们一年就有两个"元旦"了。

飞雪元旦　居住在寒带的爱斯基摩人，以气候条件为准则。他们的元旦没有固定的日子。当雪花第一次开始飞舞的时候，人们就把这一天作为一年的开始。

候鸟元旦　印度尼西亚凯拉比特人的历法是以候鸟的来去为依据的。一年中，当候鸟最早飞来的时候，这一天就是"元旦"来临了。

圣诞节

在欧美各国，大概没有一个节日像圣诞节那样重大神圣，那样包含着深刻久远的宗教因素。

圣诞节在每年的十二月二十五日，是耶稣基督诞生的纪念日。关于耶稣的确切生年，以至是否曾有耶稣其人，史无记载。这个日子，是罗马天主教会在公元354年规定的。所以选择在这一天，据说是为了同世俗的农神节相一致。因为公历十二月二十四日是"冬至"日，是日照最短的一天，而从十二月二十五日开始便昼长夜短。人们为了感谢太阳赐给人间的温暖和光明，常常举行各种活动向太阳膜拜。把耶稣诞辰与传统的农神节相吻合，其意大概是为了表示耶稣的降生就是太阳的再生。

现在圣诞节已不仅是宗教节日，而且是普天同庆的世俗节日。世界上有一百四十多个国家和地区庆祝圣诞节，节期从十二月二十四日到来年一月六日，是全世界持续时间最长、流传最为广泛、庆祝最为隆重的节日。

十二月二十四日是节日的开始。这些国家的城市、街道、商店等公共场所都布置得五光十色。各家各户也都准备了丰富的节日礼物。圣诞夜庄严神圣而又热烈欢腾。无论是灯火辉煌的大厅或是乡村安宁的农舍，都摆满了特制的圣诞蜡烛、蛋糕、糖果、饼干、金色胡桃、苹果、小玩偶、金铃，以及象征吉祥如意、生命永恒的圣诞树等。圣诞夜是传统的家庭团聚之夜。全家围坐在树旁共进圣诞晚餐，互赠礼品。餐桌上往往多设一个座位，据说是为"主的使者"或是为一个需要帮助的过路人而准备的。餐后，全家在圣诞树前唱歌跳舞，娱乐场所也有各种艺术表演。

圣诞树是圣诞夜的必需之物。圣诞树一般用小枞树或松树，树枝上挂着各种玩具、礼品、五光十色的圆球、绚丽多彩的灯泡。树顶往往要装饰一颗明亮的星，以指示"东方三王"赴伯利恒朝拜圣婴的道路。关于它的来历，有种种传说。有说它首先出现于德国，是天使发送礼品的。有说它源于中古的德国圣经古迹剧。剧中有一棵挂满苹果的棕树象征伊甸园，表示"生命之树"。也有说，日耳曼人当年奉橡树为圣树，他们盛行以儿子献神的风俗。每年冬天，一名志愿献祭的小英雄蒙头跪在橡树前，有人用棒子猛击他的头，直至头破血流。他们认为此时灵魂已走向神的面前。一位叫温弗烈的英国传教士在德国见到这种情形后，立志要帮助人们铲除这种恶俗。圣诞节前夕，他用斧子将橡树砍倒，并指着一棵松树说："让我们以这棵松树为快乐树吧！"从此以后，每年到了那一夜，人们便把小松树打扮得五光十色。还有说，过圣诞节摆设圣诞树，早在三四世纪之前便在德国人的家庭中流行。那是因为德国宗教改革家马丁·路德有一次圣诞节夜从一个小城回家，为了让人们了解山林夜景的美丽，将一棵小松树上点缀了一些烛光代表星星。以后，每到圣诞节，信徒们便学他的样子，在屋里布置一株圣诞树。后来，这种风俗传遍了世界。

圣诞节的另一重要角色是圣诞老人。关于他的来历，我们在降临节和圣尼古拉节中已提及。千百年来人们都相信，圣诞夜会有一位白须红袍的老人穿着大皮靴、背着大红包袱，乘坐由两只鹿驾驶的雪橇自北方来，从烟囱进入每个有孩子的家庭，把玩具、礼品装进孩子们的袜子。因此，孩子们入睡前都要把袜子放在壁炉旁并给圣诞老人留些好吃的食物，作为他的夜餐。在盛大隆重的圣诞节活动中，圣诞老人是最受欢迎的人物。

除此以外，各地也都还有一些其他有特色的活动。如"平原寂寂，雪花纷纷"这首流传全世界的圣歌的发源地奥地利，有圣歌队夜报捷音活动。圣诞节午夜，盛行由儿童装扮成的"三王"，唱着圣歌到每家门前通报基督隆重的喜讯。每到一家，人们就把糕饼、胡桃、甜食、糖果等分赠给他们。"三王"也即在门额上用粉笔书写19+K+M+B+87字样，三个字母即"三王"卡斯帕、梅尔修和巴达萨名字的缩写。四个阿拉伯数字则是随年变化，1987年即写1987。这种带有符咒性质的门额题字，据说可保护各家免遭灾祸。

子夜时分，教堂举行隆重的"子夜弥撒"，庆祝耶稣降生，圣诞节到来。在圣诞节的黎明和上午还要隆重举行两次弥撒，并演出耶稣诞生的戏剧，演唱圣诗。

在节日期间，各国各民族都以富有特色的活动，予以庆祝，其热烈程度不亚于我国的春节。

各色圣诞

欧美看重圣诞节，因各国在对圣诞节前后气候环境不同，故对圣诞节有不同的称谓。

蓝色圣诞 夏威夷每年12月，既没有风，也没有雨和雷，气候不冷不热，蔚蓝色的天空与蓝色的海水融为一体。因此，夏威夷人能享受到一年中最好的蓝色圣诞节。

红色圣诞 12月澳大利亚，人们燃火迎来"红色圣诞节"。在澳大利亚南威尔省，每年圣诞节来临，家家户户喜欢带着各种食品到山上去过一个红色圣诞节。

黄色圣诞 圣诞节前后，在美国密执安湖以东地区的积雪达一米深，大地一片白茫茫，从西部刮来的一阵阵带着黄沙的狂风，使大地换上一件黄色的新衣，故人们称之为黄色圣诞节。

紫色圣诞 在芬兰，圣诞节前后，漫山遍野都是怒放的紫罗兰。掩映在白色的大地上，远远望去，一片紫色，这就是有名的紫色圣诞节。

复活节

复活节是基督教纪念耶稣复活的节日。据传说，耶稣被钉死在十字架上后，又复活升天。据《新约全书》中说，耶稣在绞架上被钉死以后，第三天清早坟墓上的石头忽然挪开了，两个天使坐在原来安放耶稣的地方。耶稣站了起来，对旁边的人说，他要升天了。于是，他的门徒奔走相告耶稣复活的佳音。公元325年，"尼西亚会议"规定每年过春分月圆后的第一个星期日为"复活节"。一般在3月21至4月25日之间。

复活节那天，教堂用鲜花和蜡烛装饰起来，基督教徒到教堂去做礼拜举行宗教仪式。此外，各国还有独特的习俗，在英国要举行化妆游行：有马戏团的小丑踩高跷、有孩子们欢迎的米老鼠、有民族风格的乐队、有孩子们装扮维多利亚女皇时代的王宫卫士。希腊有象征性的耶稣葬礼等。在美国，复活节第二天，总统邀请客人们带着孩子到白宫参加"滚彩蛋"游戏。孩子们在欢快的乐曲声中，提着绘着彩色、象征兴旺发达、生活幸福的熟鸡蛋，在草坪上滚着玩。全国各地的公园也为孩子们举办"复活节"活动。

复活节在欧美各国是仅次于圣诞节的重大节日。英、法、澳大利亚等国规定休假4天，西德休假2天，美国休假1天。节日里，家人团聚，准备各式各样的传统食品。父母在商店里购买用巧克力糖制成的鸡蛋、小兔等糖果，装在小篮里，送给孩子。节日里，大家见面时互相祝贺，给亲友寄送贺片，祝贺节日愉快。

情人节

"除了圣诞日，再没有什么节日像情人节那样更能引起全球人的兴趣了。"1863年美国内战期间一位刊物编辑说的这句话，是对盛行于欧美各地的情人节的极好概括。

情人节源于古罗马。据说古罗马人每年二月十五日都对他们所崇敬的掌管自然与女子婚姻之神加以祭祀。那一天，青年男女要特别聚会。会上，未婚青年男子，皆可从一个装有许多女子名片的盒子中抽取一张名片，并就以这名片上写着的女子作为节日的伴侣，相互交换礼物。如果男子喜欢这个女子，便将她的名片在袖子上贴几天。这种交往，经常使一对对青年男女成为终生伴侣。也有说，古代人认为二月十四日是百鸟发情择偶之始，人们推鸟及人，始有此节。

以后，教会把情人节定于二月十四日（即圣瓦伦丁日），用以纪念早期教会的两位瓦伦丁。其一是罗马牧师，由于救助基督教徒而被罗马统治者关押。服刑期间，他得到典狱长女儿的悉心照料，他也设法使她恢复了视力，两人真心相爱。后来他在二月十四日这天被杖杀。此后没几年，另一位也叫瓦伦丁的特尼主教亦被捕入狱，并在同一天被杀。

不过，那时情人节尚不普遍。自从那位编辑说了上面那句话后，情人节的影响逐渐扩大，并开始有了源自古代抽名片的手印情人帖和各种装饰品及赠送礼物的仪式。

自打风靡欧美大洋洲各地以后，情人节便超出了它原来的意义。它不仅是情人间联络情感的纽带，也是其他一切人用以表达内心之爱和扩大爱的范围的一种机会。它使父母、师长、亲朋、好友、儿女、同学等都成为亲爱的对象。

在丹麦，人们将压榨好的雪花送给好友。男子常写闹着玩儿的信给女子，署名时只用密码或点点作字母，如果收信人猜出了他，那么这一年的复活节，他就要给她送一份礼物。

在意大利，未婚女子常在节日黎明时分即起床，静立窗口等候第一个来到她窗下的男子。一但见着，便将此人作为自己命中注定的情郎。

在加拿人，大多数人互寄贺帖，不单给情人，也给父母和师长等。孩子们也热情参与，同学间互换画片。有些学校还举行节日联欢班会。年龄较大的学生们则举行舞会。他们也互赠礼物，通常会把最大的一份送给母亲。

在美国，有些地方收节日礼物的是孩子们，有些地方以特制甜面包庆贺节日。许多人都爱唱情人节歌。有些男子还爱将一篮子礼物放在自己钟情的女子家门口，按动门铃后立即躲开。

在英国，青年男女互赠倾诉爱慕之情的"瓦伦丁图片"。在荷兰，则互赠鲜花以致深婉之意。

愚人节

"愚人节"全称"四月愚人节"，又称"万愚节"，是西方的一种风俗。欧美一些国家每年4月1日纪念这一节日。墨西哥则在每年12月28日纪念愚人节。

这一风俗已流传若干世纪，但对其起源一直众说纷纭。比较可信的说法称此俗始于法国。法国是最早采用格雷弋里历法的国家。查理九世决定将原来实行的4月1日为岁首改为1月1日，并于1564年通令全国实行。改历后，各地仍有守旧分子留恋旧习，不愿更新。到了4月1日这一天，守旧分子受到了爱开玩笑的人欺骗和愚弄。愚人节的玩笑因此出了名。到十八世纪，英格兰已开始纪念"愚人节"。以后，流行全欧，远及北美。这一天，任何人可以采取任何方式如制造耸人听闻的消息等哄骗愚弄他人。人们对这种恶作剧并不负任何道德和法律上的责任。政府司法部门亦不会追究责任。不仅如此，而且谁编造的谎言最离奇，最能骗人谁就会荣膺"桂冠"。

世界各国国庆节趣谈

尽管国庆节是一个国家的重要节日之一，但其名称却不尽相同。据有关资料统计来看，在世界上的一百多个国家中，将国庆节叫"独立日"或"独立节"的有美国等60多个国家；叫"国庆节"或"国庆日"的有中国和法国等40多个国家；叫"共和日"或"共和国日"的有冰岛和扎伊尔等10多个国家；叫"革命日"的有前苏联等几个国家；叫"解放日"的有古巴等几个国家；叫"国家复兴节"的有波兰等几个国家；叫"天长节"的有日本等几个国家；叫"威坦誓日"的有新西兰等几个国家。此外，有的国家将其国庆节称为"自由日"、"民主日"、"国旗日"或"宪法日"等，也有的直接在国名后加日，如"巴基斯坦日"或"澳大利亚日"等。

世界各国确定其国庆节日期的标准也不相同。有的同我国一样，选择一个特别有意义的建国日子作为国庆节。有的国家把革命起义或推翻旧政权纪念日作为国庆节。有的国家是以宪法的颁布日期作为国庆节。有的国家是把独立日作为国庆节。在世界上以国家元首的生日作为国庆节的则居多数，如比利时和瑞典等，而日本则是以天皇的诞辰作为国庆节，这些国家的国庆节随着国王的变更而更换。

一般说来，一个国家的国庆节都是固定不变的，但也不尽其然，例如牙买加的国庆日是每年8月份的第一个星期一，英国的国庆节是每年6月份的第二个星期六。在世界各国之中，国庆日的历史最长的就要算是"国中之国"的圣马力诺，该国早在公元310年的时候，就已经把每年的9月3日确定为自己的国庆节了，至今已有1695年的历史。

外国的教师节

委内瑞拉 每年1月15日定为教师节。这天除庆祝大会外，还有向教师献花等敬师活动。

泰国 每年1月16日定为教师节。这天全国学校放假，隆重庆祝。各地的庆祝仪式上，向当年退休和刚参加工作的教师颁发奖状并献花。

苏丹 从1971年2月24日起，全国实行教育改革，将这天定为教师节。中、小学一律放假一天，以示庆祝和纪念。

捷克斯洛伐克 每年3月28日定为教师节。这天前后一周之内，全国广泛而隆重地举行尊师重教活动。国家向优秀教师颁发勋章或授予荣誉称号等。

葡萄牙 五月十八日为教师节。学生们纷纷向老师敬献彩带，老师纷纷在彩带上签名。在联欢会上，学生们把彩带投入篝火中，象征着教师的光辉照耀学生前进。

德国 每年6月12日定为教师节。各地开展尊师敬师活动。

匈牙利 每年6月的第一个周一定为教师节。节前，国家要召开教师代表大会，表彰和命名一批优秀的教育工作者，有的还颁以重奖。

朝鲜 为纪念金日成主席1977年9月5日发表《社会主义教育提纲》，将这天定为教师节。

印度 每年9月5日定为教师节，而每年11月14日的印度儿童节同时定为印度儿童教育工作者的节日。

美国 每年9月28日定为教师节。这是中美建交前的1971年由美国两院法定通过的。

前苏联 每年10月的第一个周日定为教师节。

法国 十二月二十五日为教师节。各学校要隆重集会，表彰优秀教师，学生和家长开展慰问教师的活动。

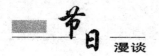

女性节日拾趣

希腊的妇女节

元月八日，是希腊蒙诺克里村马奇顿的妇女节。每年这天，全村男女对调工作一天，男人们在家中做家务和照管孩子，妇女们则接管村政府、汽油站、交通岗、咖啡馆和酒吧间等。她们工作完毕之后，也像男人们一样去咖啡馆和酒吧间，闲坐聊天，开怀畅饮。太阳落山之后，全村妇女举行宴会，热烈庆祝妇女掌"权"一天；然后回到家里再享受一次"饭来张口"的生活。

在1983年1月8日，希腊总理的夫人还特意从首都雅典驱车赶到该村，与全村妇女一起欢度这一年一度别具一格的传统节日，并祝全村妇女节日愉快。

尼泊尔的妇女节

除了"三八"国际劳动妇女节以外，尼泊尔还有自己的妇女节，这是有其社会原因的。一般说来，尼泊尔妇女的社会地位不高。女子未嫁时，还可得到人们的尊敬，出嫁以后则一落千丈。"妇女节"便是妇女们与传统偏见对抗的节日。

每年尼历四月（约公历八月）"妇女节"一到，加德满都东面的巴舒蒂庙便成了妇女的天下。她们对着印度教的毁灭之神湿婆唱赞歌，然后静坐，不吃不喝。"妇女节"历时三天，在斋戒的前一天，丈夫要为妻子准备一顿丰盛的饭菜。然而此时到庙里来斋戒的妇女中并不是都吃了饱饭的。有些平日受尽丈夫和公婆虐待的妇女，到了这个节日仍是饥肠辘辘。于是，她们中反抗精神强一些的，就借此机会以"绝食"向丈夫的欺凌表示反抗。她们空腹而来，静坐三日还不走。丈夫三番五次来劝说，她们还是不回家，丈夫派孩子送饭来，她们也不吃。这种反抗有时还真能奏效：丈夫不得不发誓今后不再欺侮她们。

斋戒之后，妇女们还要在庙旁的巴格马蒂"圣河"中沐浴。据说每人要往身上淋三百六十次"圣水"，才能洗去邪恶。最后，妇女们总是怀着对未来幸福生活的憧憬，载歌载舞离开神庙。

美国的母亲节

每年五月的第二个星期日，是美国的母亲节。母亲节的倡导者是费城的一个妇女安娜·查维斯。她母亲于1906年5月9日不幸逝世后，安娜为了永远追思母爱，在第二年母亲忌日的纪念会上，倡议每年定一天来感谢母爱的伟大。她向各界人士大量写信和演讲，号召确立一个母亲节。她的努力受到人们广泛赞扬和支持。美国国会于1914年5月7日通过了确立母亲节的议案，并由总统威尔逊颁布法令实行。

由于安娜母亲生前酷爱石竹花。母亲节时就用石竹花作为母爱象征。每到这一天，凡母亲健在的，在节日这天，子女佩戴红色石竹花；母亲已谢世的，则佩戴白色石竹花。母亲节现已成为国际性节日，世界许多国家在不同日期过母亲节。

中非的妈妈节

中非共和国规定每年5月29日是"妈妈节"。节日这一天，首都班吉市的妈妈们要在市中心举行盛大的游行活动。游行开始时，走在最前面的国家军乐队，他们吹奏着欢快的乐曲，精神抖擞地走过观礼台前，紧接着就是一个一个的母亲方阵。妈妈们穿着艳丽的民族服装，怀抱自己的孩子参加游行。当母子方阵来到观礼台前，台上的国家领导人和外宾们都站起身向他们招手致敬，对他们辛勤抚育下一代的功劳表示慰问。

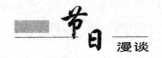

西班牙的吉卜赛人妇女节

每年十月上旬，秋收结束之后，在西班牙有一个传统的吉卜赛人妇女节。

吉卜赛人，原是印度西北部旁遮普邦一带的部落。目前大部分分散在中欧和西南欧。

妇女节之时，数以千计的吉卜赛人从全国各地汇聚到巴达霍斯省的梅里达，狂欢三天，互相祝贺一年的丰收。这是妇女吉祥之日，许多丈夫，送珍贵纪念品给妻子；各家父母，送精美的礼品给女儿。在节日里，姑娘们可以自由地选择意中人；不少吉卜赛姑娘，选这一天和心上人举行婚礼。

马拉维的妇女节

非洲马拉维共和国每年十月十七日要庆祝本国的妇女节。马拉维妇女的社会地位较高，妇女人数占全国人口的一半以上，在各种选举中占有举足轻重的地位。所以在马拉维流行这样一种说法："哪个男人如果不讨妇女的喜欢，他就可能做不了官。"因此，人们对妇女节也特别重视。节日这天全国放假，妇女们身穿艳丽的民族服装，在各地举行隆重的庆祝活动。上至总统、政府部长，下及各地行政官员，都要参加集会，并和妇女们一起载歌载舞，以示对妇女们的祝贺。这一天，男人们大都在家操持家务，待妇女们尽兴归来后，要殷勤伺候，服务周到。

联邦德国的女人节

联邦德国各地妇女每年在十一月下旬要举办奇特的女人节。

节日期间，要表演妇女夺权的喜剧。许多地方的妇女成群结队地冲进市政大厅，闯入市长办公室，坐在市长的办公桌椅上，表示接管市政大权。这种有趣的恶作剧使市长和他的同僚都无可奈何！

更使男人们担心害怕的活动是：许多妇女在节日这天拿了剪刀，在街上专门剪男人的领带，特别是漂亮的领带。对一些外宾和来客也不例外。妇女们把剪到的领带拿回夫钉在墙上欣赏。

男性节日拾趣

有"三八国际妇女节"，有没有男人的节日？其实，世界各地有不少独特有趣的男人节日，而且有些节日比妇女节历史更悠久。

父亲节　目前，世界上已有数10个国家确定了"父亲节"，只不过是日期不同而已。最早出现"父亲节"的国家是美国，始于1924年，日期是每年6月的第三个星期日，在节日这天，孩子们都把红玫瑰和白玫瑰献给父亲，以表示尊敬和庆贺。

男子选美节　非洲撒哈拉南部瓦达贝族，每年都要举行一次盛大的"男子选美节"。节日这天，男青年候选人都要精心打扮，描唇画眉、身挂种种项链、羽饰佩剑，还唱歌跳舞，让女性挑选"丈夫"。

上门女婿节　保加利亚西部农村的"女婿节"，据说已有千年的历史。当地人把每年四月的第一个星期日定为"上门女婿节"。所谓"上门女婿节"，也就是我国民间俗称"招郎入舍"。居然为"上门女婿"规定"特有"的节日，足见当地"招郎入舍"之风甚盛。

男孩节　每年5月5日是日本男孩节。节日这天，凡有男孩家庭都要在屋顶悬挂画有鲤鱼图形的旗帜，有多少个男孩就要挂多少面旗，故此节也叫"鲤日"。有的家庭还给男孩买武士模样的小偶人，希望孩子长大后，像武士那样强壮和勇敢。

男子归家节　每年7月1日至15日为土耳其南方的"男子归家节"。原来，当地青壮年男子大多出外谋生，终年不返，慈母贤妻在家翘首盼望。于是，人们便设立此节以召游子归家，出外男子也乐得在这段时间

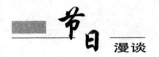

里回家与亲人团聚。

各国青年节

世界上有许多国家把青年节作为法定节日。

这些国家的青年节大多具有反帝、反殖、反封建的爱国主义精神。

委内瑞拉　二月十二日为青年节，这是为了纪念委内瑞拉的加拉加斯大中学校学生的爱国主义斗争。在1814年2月12日的一场激烈战斗中，西班牙殖民军被一支由加拉加斯大中学生组成的起义队伍击败。

印度尼西亚　青年节为了纪念1945年十一月十日对英国侵略者的抗击。印尼人民便把战争爆发日子定为青年节，同时又称为英雄节。

土耳其　青年节是为了纪念共和国的奠基人凯末尔1919年5月19日在萨姆逊登陆，它标志着土耳其反帝反封建的资产阶级革命开始。

安哥拉　四月十四日是青年节，这是为了纪念1968年4月14日在同葡萄牙殖民军战斗中英勇牺牲的民族英雄吉·亚·亨达，他是安哥拉人民解放运动军事委员会协调员。

南斯拉夫　革命领袖铁托的生日是五月二十五日，这一天定为青年节，以示对领袖的尊敬和缅怀。

扎伊尔　青年节在每年的十月十日，以总统蒙博托的诞辰日而定。

各国的儿童节

除"六一"国际儿童节外，一些国家和民族还有自己的儿童节。

日本 日本有4个儿童节。为男孩节、女孩节、七五三节和儿童节。每年的3月3日是女孩节，这一天正值桃花盛开的时候，故又称"桃花节"。5月5日是男孩节，这天凡是有男孩子的家庭，屋外都要用竹竿挂起"鲤鱼旗"。11月15日是七五三节，七五三节是3岁、5岁男孩和3岁、7岁女孩的节日。日本政府决定5月5日的男孩节为日本儿童节。

印度 每年11月4日是儿童节。节日里，要向表现勇敢的儿童颁发国家勇敢奖。

美国 10月31日万圣节的前夜，是美国的儿童节。他们的庆祝活动较为奇特：当秋月透过迷蒙，把银光洒向稻熟果香的大地时，儿童们穿上古怪的服装，戴上魔怪的面具，参加学校、家庭和社会为他们专门组织的通宵晚会和娱乐活动。

安第斯 每年6月24日是印第安人12岁以下的儿童的节日。这一天，凡是有12岁以下儿童的家庭，都要给孩子买几件孩子最喜爱的玩具，并带孩子聚集到古老的印加要塞沙伊华马高处，等待神父为孩子敬赠米酒、祈祷幸福。

瑞典 有小男孩节和小女儿节。8月7日是小男孩节，又叫"小龙虾节"。晚间，人们要举行龙虾晚会和钓龙虾活动，教育小男孩们要吃苦耐劳，培养坚韧不拔的思想品质。12月13日是小女儿节，因为节日期间要把家中最小的女儿打扮成露西亚女神，所以也叫"露西亚节"。这个节日，多以家庭、学校为单位，进行庆祝活动。在首都斯德哥尔摩，还有代表国家的大型庆祝活动，邻近的国家也常来助兴。

各国艺术节

英国的国际艺术节

从1974年以来，每年八月间，英国爱丁堡都要举办国际艺术节。

国际艺术节期间，来自数十个国家几十个艺术团体的成千上万的演员、艺术家、演奏家云集在这个美丽的城市。世界各国前来观光的旅游者也兴致勃勃赶来。

国际艺术节的开幕仪式十分隆重。一清早人们穿着各色民族服装，守候在装饰一新的街道两旁。一会儿一大队身着鲜艳的苏格兰民族服装的青年男女出现了，随后是军乐队，接着是各国艺术家队伍，他们手持鲜花，向市民和观光者致敬，王子大街一时人声鼎沸。

节日里，所有剧院、音乐厅、露天剧场等都排满了话剧、歌剧、音乐和舞蹈等节目。

亚洲艺术节

由香港市政当局负责主办的亚洲艺术节，每年十月下旬在香港举行。亚洲艺术节始于1976年。第一届举办时只有室内演出，从第二届开始举办免费的户外演出，可让群众自由观赏。

亚洲艺术节的活动中心，位于港岛中区海滨爱丁堡广场的香港大会堂。室外免费演出在维多利亚公园、修顿球场、枫树街游乐场、九龙公园等港九各区的露天空旷之处。参加演出的主要是亚洲各国的艺术代表团，有音乐、舞蹈、京剧、粤剧、杂技、木偶、武术等。

每届艺术节同时举办四、五个艺术展览会，供人参观。还举办艺术讲座，由外来团体或香港本地专家主讲。是亚洲地区很有影响力的一个艺术节。

苏联的艺术节

一年一度的苏联《莫斯科之星》艺术节于五月五日至十三日在首都莫斯科举行。据统计，每年总有四、五十个国家数万名外宾前来参加观看。艺术节共演出芭蕾舞剧、歌剧、话剧以及各种音乐会、杂技节目150余场。在芭蕾舞表演中，令人注目的著名芭蕾舞演员作专场演出；莫斯科舞蹈学校的应届毕业生演出一些古典舞剧的片断和现代舞小品。在戏剧方面，莫斯科各剧院既排练新剧目，又演出传统戏剧。在音乐方面，有著名歌唱家表演，也有钢琴家和小提琴家演奏，莫斯科交响乐团演出了柴可夫斯基的大型颂歌《莫斯科》。此外，俄罗斯联邦各城市和各加盟共和国的许多著名团体也受艺术节邀请前来演出。艺术节期间，还举行一系列画展。

各国电影节

美国纽约的电影节

纽约是美国第一大城和最大海港，联合国总部所在地。位于纽约州东南赫德森河口，濒临大西洋。纽约的摩天大楼犬牙交错，直插云霄，高度在300米以上的有世界贸易中心、帝国大厦和克莱斯勒大楼，因此有"站着的城市"之称。

纽约电影节创始于1963年，每年九月二十四日开幕，历时半个月左右。纽约电影节有"电影节中的电影节"之称，不设奖也没有竞赛。只

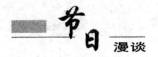

是致力于介绍各国最有名的导演的电影和各民族的电影，并侧重介绍西欧电影。纽约电影节一般在百老汇大街举办。这里长达29公里的百老汇大街是娱乐场所的集中地，设有许多剧场、戏院、舞厅、夜总会及电影院。

保加利亚的世界动画电影节

保加利亚的世界动画电影节，也称瓦尔纳国际动画片电影节。电影节两年一次，十月举行，为期一周。

世界动画电影节在保加利亚海滨城市瓦尔纳举行。该城位于保加利亚东北部的黑海瓦尔纳湾北岸，是全国最大海港，瓦尔纳州首府。

国际动画协会在这个旅游胜地举办过多次世界动画电影节。每次有几十个国家参加，放映一百多部动画片，给予优秀的动画片评奖。节日期间，世界各国电影工作者和旅游者云集在这个号称"黑海明珠"的美丽城市。瓦尔纳气候温和，夏天平均气温26℃左右，海面风平浪静，海滩浅平辽阔。因此，许多参加电影节的游人，还可享受一下海水浴的洗礼。

各国音乐节

奥地利萨尔茨堡音乐节

奥地利萨尔茨堡是莫扎特的故乡。1877—1910年举办过八次莫扎特节，是萨尔茨堡音乐节的前身。1920年7月起年年举行萨尔茨堡音乐节，虽因第二次世界大战而中断，但于1945年恢复后，规模越来越大，成为每年世界音乐文化生活中的一件大事。

萨尔茨堡音乐节以维也纳国立歌剧院和维也纳管弦乐团为主，世界各国著名交响乐团、指挥家、独奏家和独唱家也常来演出。歌剧主要演出莫扎特和理查·施特劳斯的作品，也上演意大利歌剧、巴洛克歌剧、德奥系统的歌剧，以及现代各国歌剧。音乐会有交响乐演奏会以及各种专题的独唱、独奏音乐会等。

英国格林达波恩歌剧音乐节

英国格林达波恩歌剧音乐节首届演出，于1934年4月在英国首都伦敦郊外小城市的小歌剧场举行。以后每年一次，会期大体从四月到八月。届时，世界各国艺术家会聚一堂，作精彩的表演。因此，规模虽不大，但颇有影响。

格林达波恩歌剧音乐节主要演出莫扎特的作品。莫扎特是奥地利作曲家，维也纳古典乐派代表人物之一。代表作有歌剧《费加罗的婚礼》、《魔笛》、《唐璜》等，并首创独奏协奏曲形式。此处还上演格鲁克、罗西尼、理查·施特劳斯等人的歌剧。

在四十年代，英国著名作曲家勃里顿主持的英国歌剧团曾在这里首次演出过一些新歌剧。现在伦敦音乐交响乐团逢节即来此演出。

"布拉格之春"国际音乐节

从公元11世纪以来，捷克斯洛伐克人民每年春天都举行大大小小的音乐会。1922年以莫扎特的故乡萨尔斯堡举行了国际音乐节，并成立了国际现代音乐协会。1946年捷克斯洛伐克共和国政府决定每年春天在布拉格举行一次国际音乐节，人们称之为"布拉格之春"。每年参加的有苏联及东欧诸国以及西方国家的音乐家。他们通过艺术来增进各国人民之间的了解，进一步加强各国人民之间的友谊，并加强为世界和平而斗争的意志。

"布拉格"国际音乐节一般是在5月12日开幕。

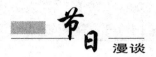

西德 "莱茵音乐节"（5月间）

创办于1818年的迪塞尔多夫 "莱茵音乐节"，是德国历史悠久的音乐节。它每年5月在联邦德国的北莱茵威斯特伐利亚洲的各个城市轮流举行，并始终以它不同凡响的艺攻水准，吸引着许多音乐大师诸如舒曼，门德尔松、勃拉姆斯等参加过这个音乐盛会。

1988年5月，迪塞尔多夫市气候温暖，"莱茵音乐节"的举办者为体现音乐节是为了把音乐送到民众中去的宗旨，让音乐家走出音乐厅，来到中心火车站、广场、地铁，为广大民众演出。许多著名的乐团也参加演出助兴，比如阿姆斯特丹音乐厅交响乐队，汉堡重奏组，科隆广播交响乐队等，短短十天的音乐节，节目单长达70页。

各国集邮节

苏联的青年集邮者者节——苏联齐略宾斯克市每年十月五日举行 "青年集邮节"，届时举办专题邮票，进行集邮知识讲座，拍卖邮票，交流集邮经验和信息。

日本的邮票趣味周——日本的 "邮票趣味周"已有二十多年的历史，每年十一月一日至七日举办。届时往往发行一套盛行的 "浮世绘"邮票，此票具有独特的民族风格，在国际上享有很高的声誉。

澳大利亚的邮票周——每年九月底到十月初的一个星期里定为邮票周。邮票周前后，邮局局长到学校作报告，免费赠送一些邮品和集邮工具，邮票设计家同集邮爱好者见面，签发首日封，鼓励青少年集邮。

各国民间传统节日

一 月

哥伦比亚的黑白狂欢节

哥伦比亚南部的圣胡安·德巴托市的市民有着活泼的天性，他们对一年一度的狂欢节充满了热情和渴望。政府规定该节日在元月五至七日，他们却从十二月三十一日就揭开节日序幕，且一直到元月八日晨方结束。

他们的狂欢节所以冠以"黑白"，是因为他们的庆祝活动中最有趣的一项就是用黑白二色给人画脸。元月五日这一天，姑娘、小伙子及太太们手提装有黑色颜料的小盆站在路旁。他们随意叫住街上的行人，并把他们的脸抹黑。这一天，几乎所有的人都被人为地变成黑人。街上除了出售酒和饮料的商店，其他商业活动都停止了。狂欢的人们尽情地跳舞、唱歌，开怀畅饮。到元月七日，又几乎所有的人都变成白脸。如果有人回家把粉洗掉再出来，他很快又会受到狂欢节"爽身粉"的洗礼。不仅给人化装，德巴斯托市民还擅长打扮彩车和通过佩戴面具表达自己的情感。如他们通过漂亮的化妆人群，脸上戴着各种新奇的面具，手里挥动着钞票，这便是在巧妙地批评物价上涨。作为解除社会精神压力的一种形式，这个节日深受百姓喜爱。

黑白狂欢节沿袭了许多年，至今不衰。不过活动内容时有变化。如1986年的活动就与以往有些不同：妇女们给旅游者画脸用的颜色已不限于黑白二种，她们不时加上自己配制的其他颜色。

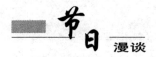

德国的贝鲁希特节

每年一月六日，是日耳曼民族的重大节日，他们称之为贝鲁希特节。联邦德国和民主德国90%以上是德意志人，德意志民族原是日耳曼民族的一些部落，其语言属日耳曼语系。节日这天，希望丰收的猎人，背着比自身高出两米的木板行走，木板上装饰着很多鸟兽的标本；希望发财的商人，在木板上装饰首饰、镜子、怀表等贵重物品；希望得到佳偶的年轻人，戴上一顶高有两米的红色圆锥形帽子，在帽子上装饰着各式各样的图案。

背着或戴着各式装饰的游行队伍，到十字路口时，就开始跳舞，欢庆他们传统的民族节日。

越南的开谷仓仪式

每年十二月底到一月初，越南拉志族人都要从谷仓中取出糯稻，舂米蒸饭，以备祭祖。他们历来视狗猫为带来丰收的灵物，故必须先将上层的糯米饭喂过狗猫，然后祭祖，祈求保佑谷仓中的"谷魂"。仪式结束后，才能动用仓中的谷子。

瑞士的钟鸣节

在年初，许多地方举行狂欢节。一月中旬，瑞士第一大城，全国工商业中心苏黎世却举行独树一帜的钟鸣节。苏黎世在克里特语里是"水乡"之意，位于阿尔卑斯山北部，苏黎世湖西北端，是利马特河通苏黎世湖的河口，市区铺展在河流两岸和湖泊之滨。

在历史上，苏黎世是宗教改革家兹温利活动的中心。市内有中世纪的教堂尖塔、古堡，利马特河两岸有双塔式罗马大教堂、修女院等。钟鸣节时，教堂里钟楼上钟声长鸣，悠扬钟声响彻在苏黎世湖畔，穿上鲜艳民族服装的市民拥向街头、广场、湖边载歌载舞、欢呼雀跃。人们在宏亮钟声中烧掉纸扎的"冬鬼"，以示送冬迎春，除旧布新，预祝新年丰收之意。

捷克斯洛伐克的狂欢节

捷克斯洛伐克的主要民族有捷克族和斯洛伐克族。每年冬季，在斯洛伐克农村要举办古老的狂欢节。

狂欢节的第一个节目，是人们戴着动物面具，唱支欢乐的歌。在欢乐的歌声中，人们把"酒神"当作取乐的对象。"酒神"由小伙子扮演，身上穿着一件皮衣，内塞稻草，面颊上用煤烟涂得墨黑，骑在一只木制山羊上，让人们抬着游行。

在狂欢节中小伙子最活跃，他们抬着破布制作的人像到处奔走，挨家逐户访问，主人们送给他们吃的东西。还有一些穿着鲜艳民族服装的青年，一边鞭挞皮靴，一边跳舞，舞毕，人们飨以火腿、煎饼等。这些都是流传久长的古老风俗。

希腊的切糕节

在希腊，每年一月间要过传统的切糕节。

切糕是希腊家喻户晓、尽人皆知的传统习俗。人们把它当作预卜自己命运凶吉的娱乐。

在节日里，厂矿企业、机关团体和各个家庭均要举办切糕仪式。事先把一枚硬币藏在大蛋糕内。仪式在轻快的乐曲中开始，穿着古希腊民族服装的少女，手托一盘大蛋糕，笑盈盈地走到众人面前，把盘子放在桌上。然后，有一位老人把蛋糕切开，每人一块。如果谁在蛋糕里吃到这枚硬币，就被认为是"蒂赫洛斯"（希文音译，意为"幸运儿"）。在场的人都会同这位幸运儿握手，表示祝贺。

此外，在各种节日或社会团体举办庆祝活动时，也常常安排切糕仪式，以增强气氛和乐趣。

玻利维亚的阿拉西塔斯节

一月二十四日是玻利维亚人民一年一度的阿拉西塔斯节。这个节日原是玻利维亚阿伊玛拉印第安人的传统节日，时间是每年的一月二十四日至三十日。节日期间，人们来到拉巴斯城索尔萨诺大街集市上选购礼物，献给心目中的"幸福之神"埃凯科，期望神的"保佑"，来年能交好运。在阿伊玛语中，"阿拉西塔斯"的意思是"请买我的东西"。顾名思义，这个节日是个热闹非凡的集市，但又与一般集市不同。这个集市

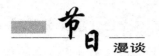

出售的大都是敬献给埃凯科神的"微型商品"。埃凯科神像又矮又胖，笑容可掬，它身穿阿伊玛拉人的服装，周身上下挂满了比火柴盒还小的布口袋，口袋里盛着大米、小米、玉米、土豆等农产品。有的神像挂满了一捆捆"小钞票"。这些都是人们献给它的礼物。据说，谁敬献礼物多，谁就会得到的幸福多。

摩洛哥的献羊节

献羊节是摩洛哥民间传统节日中起源最早、最具特色和最隆重的民间传统节日。

按传统习惯，家家户户都准备一只羊。节日中最隆重的典礼是献羊。典礼开始先举行祈祷，然后由一名经过比赛挑选出来壮士，当场用一利刃插入羊颈，并飞快地背着流血的羊奔向清真寺，后面跟随着一大批身强力壮的人，手舞木棍呐喊追赶。被刺伤的羊送到清真寺时，壮士们立即鸣炮，告知静待在广场上的人们：丰收的喜讯即将来到。随即人们就互相庆贺，家家大摆羊宴，邀请亲友邻里共酌，尽情欢饮，一直到深夜。

献羊节又是摩洛哥传统的和平节，即使平素敌对部族，在节日里一律不得相互格斗，邻里之间和家庭中也不可发生口角和冲突。

二　月

意大利的狂欢节

二月中旬，意大利中部城市维亚雷焦举行一年一度的狂欢节。节日已有一百多年历史，据说，它与法国的尼斯并为欧洲狂欢节活动的两大中心。届时，意大利各地和世界各国游客云集到这里，加入别具风味的狂欢节。

狂欢节最精彩的是化装游行。无论男女老小，都穿上奇装异服。男人们顶盔、挂甲，手持宝剑，扮演中世纪武士；姑娘们穿着艳丽的拖地长裙和结婚礼服，装扮成贵妇和新娘。他们在游行队伍里欢闹雀跃，飘撒鲜花。儿童和老人们在这节日沸腾场面中，也乐而忘形地纵情狂欢。

最引人注目的是几十辆缓缓行驶的巨型彩车，上面塑造各种模拟像，生动形象，幽默有趣，不时博得人们的喝彩。

泰国的素食节

泰国的素食节于每年春季的头一个星期在吉普举办。节日头天，全市居民倾城而出，大街小巷，一派节日气氛。节日的高潮是素食者大游行。男男女女，排成长队，人人双颊、耳垂和手臂上挂满了一串串的茄子、芥蓝、豇豆、萝卜和土豆，浩浩荡荡，从东向西，穿过整个市区。特技演员的表演扣人心弦，他们个个身怀绝技，在6米长的熊熊烈火团下和锋利的菜刀上飞快疾走，然后把全身浸泡在滚烫的食用油里竟安然无恙。身穿鲜艳服装的泰国少女优关的舞姿令人耳目一新。节日期间，人人食素，不吃肉，不吃鱼，不喝酒，夫妻不同房。海米白菜汤、什锦酱菜、油炸土豆片等，应有尽有；芙蓉菜花、郁香茄子，制作技艺精湛；辛辣咖喱米饭，令人大开胃口。节日里，虔诚的善男信女，纷纷奔向佛教寺院，烧香敬佛，祈求菩萨的保佑。据说，素食节在泰国已有八十多年的历史。初时，数以千计的华工在泰国的锡矿山卖劳力。每年春天，他们乘矿井工作清淡之机，汇聚一起，为了驱赶恶魔，他们磕头烧香，以素食品供奉菩萨，然后席地而坐，饱吃一顿素食。久而久之，这个习俗在泰国流传起来，形成传统的素食节。

保加利亚的葡萄节

保加利亚农民每年都在2月14日举行葡萄剪枝仪式，欢度葡萄节。这时，巴尔干山下抖落了积雪的葡萄枝藤正开始吐露新芽。剪枝仪式庄重而神秘。参加剪枝的人们头戴牧羊帽，帽沿上插着玫瑰花和健康草，脚蹬雪地靴，骑着马走在剪枝行列的最前面；马队后面是女社员们乘坐的卡车和当地乡村干部汽车。他们来到葡萄架旁，等候当地领导人发表几句丰收祝词，然后操起剪刀剪下一根软枝，做成帽圈戴在头上，再向新剪的刀口处浇几滴葡萄酒，期待秋天获得更大更甜的葡萄，酿出香甜醉人的名酒。接着参加剪枝的男女社员都剪下几根枝条，送给前来助兴的外地客人做成帽圈，留作纪念。仪式结束后，社员们都头戴葡萄藤

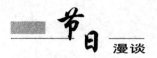

圈，来到空旷的雪地上跳舞唱歌，并在雪地野餐。各家都携老带幼，自带午餐和葡萄酒，围坐在近百米的长桌上，开怀畅饮，交流葡萄种植经验和酿酒技术，观看姑娘和小伙子们歌舞表演和幽默比赛。据记载，每年二月中旬欢庆葡萄节，在保加利亚农村相传已有一百多年了。

墨西哥的狂欢节

墨西哥位于北美洲，濒临太平洋、墨西哥湾和加勒比海。面积195万2千多平方公里，人口7300多万。墨西哥曾是美洲大陆上印第安人两个古老文明中心之一，它以玛雅文化（公元四至九世纪）及阿兹蒂克文化（公元十五世纪）著称于世。

墨西哥每年二月十六日至二十日是他们传统的狂欢节。节日期间，男人们戴着各种假面具，左手举着火把，右手提着酒瓶，围着乐队唱歌跳舞；而女人们则守着家门斋戒、祷告。

节日的最后一天晚上，人们就将火把投向村中最破旧的草房，顿时烈火熊熊，欢呼声和燃烧声响成一片。待火堆快熄灭时，由村里的长老冲进火堆，并来回跳跃以踩灭火神。这时狂欢节进入高潮，全村一片欢腾。

西德的狂欢节

在众多国度的狂欢节中，西德的狂欢节是持续时间较长的一个。它从每年十一月十一日十一点钟起，一直到第二年复活节前四十天为止，历时两三个月。但它的高潮是在最后一周。

狂欢节是德意志民族古已有之的传统节日。狂欢节开始后，许多城市村镇都要建立各种组织来筹备高潮期的活动，为此要推举主持活动的"王子"和"公主"。因为"王子"和"公主"很出风头，当地社交界中的一些头面人物都竞相争夺。一般说，谁出钱多就由谁当"王子"。

在作为节日高潮的最后一周里，有两个波峰："女人节"和"疯狂的星期一"。狂欢节结束的前一天一定是个星期一，这一天是整个狂欢节的顶点，故称为"疯狂的星期一"。"女人节"在此之前的最后一个星期四，是节日进入高潮的标志。

"女人节"那天，莱茵地区博依尔等一些地方的妇女结队冲进市政大厅，闯入市长办公室，坐上市长办公椅，表示接管市政权力。这是西德人每年狂欢节都要表演的妇女夺权的喜剧。这种演出有声有色，大快人心。可是，这一天也有使男人担心害怕的事情：许多妇女拿着剪刀在街上专门剪男人的领带，特别是漂亮的领带，拿回去钉在墙上欣赏。

"疯狂的星期一"主要有两项活动，一是化装大游行，一是大型狂欢集会和舞会。化装大游行时穿的多半是古色古香的服装，特别是拿破仑时代法国的军服。队伍里有一种撒糖果、食品和小玩具的彩车，"王子"、"公主"们坐在彩车上经过闹市区时，一面向马路两旁的观众致意，一面大把大把地抛撒车上的物品。有的城市每次所撒糖果有好几十吨。这撒糖果往往是国家经济状况的一个标志：经济繁荣时，撒的又多又好，欠佳时撒的又少又差。大型狂欢集会和舞会往往一直搞到午夜。最受人欢迎的一种节目很像我国的相声，针对当前国际国内政治问题的题材往往最受欢迎。

巴西的狂欢节

巴西有"狂欢节之乡"的美称，每年二月中旬或下旬的狂欢节是他们国家最隆重的节日。

为了过好节，许多市政府和旅行社拨出巨款，资助桑巴舞学校设计装饰有象征意义的大型彩车。学校的学员也倾囊相助，购置华丽的服饰。为了吸引更多的外国旅游者，各城市的主要街道都装饰一新，马路两旁还搭起高大的牌楼和看台，使人能一览巴西狂欢节的盛况。

节日期间，全国放假五天，举行大规模的庆祝活动。庆祝活动中最引人注目的项目是各市桑巴舞学校的游行演出。巴西盛行桑巴舞，仅圣保罗市就有四十八所桑巴舞学校，四万名学员。"狂欢节之都"里约热内卢也有十二所。各学校的数千名学员，穿上各式服装，或戴上面具，或画上花脸，有的男扮女装，有的女扮男装，也有的手持阳伞、锣鼓乐器或高举各种模型。他们簇拥在彩车前后，在乐队的伴奏下，表演丰富多彩的舞蹈节目，有的取材于神话故事、民间传说，也有的取材于历史

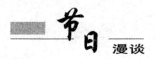

事实和现实生活。其中巴西黑人们扮演的风神、雨神、雷神、海神和爱神等，尤为观众所激赏。彩车上有人们推举出来的"国王"和"王后"，他们做一些妙趣横生的表演。人群中欢呼声此起彼伏，许多人还不时向演员们投去彩色纸带和花絮，既是助兴，也是预祝被投中者幸福。更有不少舞迷随着乐曲节拍，扭成一团。整个场面气氛之热烈，情绪之高昂，实是其他狂欢节不可多见的。

狂欢节的另一种重要形式是室内化装舞会。它有各种不同等级。一般中产阶级及小康人士多到舞厅、普通俱乐部和室内运动场，上层阶级、富翁、贵客、贵妇、明星等则在华美的饭店、旅社、歌剧院、高等俱乐部等场所。这些地方除了通宵达旦地举行化装舞会外，常常还有争奇斗艳的服装比赛。

每次狂欢节都要由旅游部门、各个俱乐部和桑巴舞学校等单位选出代表，组成评奖委员会，对各类节目和演员进行评比，给优胜者颁发集体奖和个人奖。获奖的队伍还要在规定的日子里再度演出。

在巴伊亚州的萨尔瓦多市，人们欢跳阿弗谢舞——一种非洲黑人的土风舞。

巴西狂欢节被称为"地球上最伟大的表演"。

尼日利亚的捕鱼节

尼日利亚西北部阿根古村附近索科托河的河湾上，每年二月都要举行一次捕鱼节。

届时，参加比赛的渔民集中在河湾上，只等埃米尔（酋长）手帕一挥，人们就从离河约四百米的集合点冲向河边，他们手里仅拿着渔网与一些当浮子的葫芦。比赛的目标是捕捉一种在豪萨语中被称为"水象"的河鲈。捕获最大的几条河鲈的人可获得奖赏。

捕鱼节有利于河鲈繁殖生长活动。因为在节前一段时期是禁止捕鱼的。到二月份，人们认为河鲈的繁殖期已经完成，这时举行捕鱼节就意味着捕鱼季节的开始。捕鱼节前后，人们在那里举行为期一周的音乐演唱活动，吹吹打打，欢庆节日，祝愿渔业丰收。

赞比亚的恩克瓦拉节

恩克瓦拉节是赞比亚恩戈族一年中最隆重的节庆。"恩克瓦拉"在当地语中是"喜丰收"之意。每年二月底，恩戈族都集中在祖先定居的莫坦克兰尼村欢度节日。

在庆祝仪式上，无论男女都开怀畅饮一种用土法酿制的药酒。接着是杀牲洒酒典礼，分散的人群纷纷围拢，屠宰手用快刀杀牛。人们用木碗盛一碗热牛血，请酋长一饮而尽。并向酋长献牛心、牛肝，以示全部族最崇高的敬意。随后人们开始分割牛肉，随意取用。用洒流满地鲜血来滋润大地。

然后，男子全副戎装，随着激越的非洲鼓点，唱士风歌，跳士风舞；妇女捧起草叶，不断往自己身上洒，以示对勇敢男子的忠诚和倾慕。

三 月

苏联的送冬节

三月一日，俄罗斯中部还是冬季。天气虽然严寒，而春天却快要来到。俄罗斯的城乡欢庆这快活的送冬节。

在送冬节那天，古老的科斯特罗马州的萨宁诺村里，不论老少都到积雪的街上来参加这种特殊的狂欢节。人们从祖母的箱子里掏出古老的服饰打扮起来。把桌子搬到街上来，摆上茶炊和点心，款待所有的人。

节日中，女人们表演纺线手艺；时装模特儿的精彩演出博得观众们阵阵掌声和欢呼声。活动中有项特别竞赛：谁把自己的住宅装饰得别有风趣，就会获得观光者喝彩。同时，这一天，业余歌手、音乐家、舞蹈家们用自己的精湛表演愉悦同乡。

毛里求斯的洒红节

毛里求斯人多信奉印度教，洒红节在印地文中叫"荷丽"，相传这个节日是因焚烧女魔荷丽加而得名。节日一般在三月初举行。

节日是以喷洒五颜六色的吉祥水开始。是日清早，人们把彩色水装

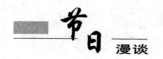

在用竹子、橡胶或铜制的喷筒内，有的干脆盛在脸盆里。然后走上街头，见人就喷、就泼，把对方淋得湿透，大家追逐嬉戏，互相逗乐，城乡一片欢腾。

喷水活动一直持续到中午才停止。下午，人们都洗澡更衣，盛装外出访亲会友，互相送礼；或参加盛大庆祝会，观看文娱演出。大街上人如潮涌，爆竹声此起彼伏，鼓乐声不绝于耳。整个国家沉浸在欢乐之中，那五光十色的吉祥水成了毛里求斯各族人民亲善和友谊的象征。

尼泊尔的湿婆节

每年三月初，尼泊尔都要举办湿婆之夜节，这是一个纪念神佛的宗教性全国节日。

节日清早，寺庙里挤满了前来敬神、祈祷的人。在帕苏蒂寺前的"圣河"——巴格玛蒂河中，成千上万的人在那里沐浴净身。

下午节日进入高潮。首都加德满都中心广场举行鸣枪炮的庆祝仪式，以示向湿婆神致敬。节日晚上，人们通宵达旦不眠，在四个时辰作四种不同的祈祷，人们燃起篝火，唱着赞歌，高高兴兴地吃着烘烤的黄豆和花生。

每年湿婆之夜节，国王要发表祝贺节日的演说，出席广场的庆祝活动。傍晚还要前往帕苏蒂寺敬神布施。

加拿大的枫糖节

加拿大有"枫叶之国"的美誉。每年三月，是人们采集糖枫汁制糖的最好时机。这时，加拿大各地人民择日欢度传统的枫糖节。

节日期间，各枫糖农场粉饰一新，披上了节日盛装，欢迎国内外来宾光临。主人带领来宾去欣赏美丽繁茂的枫林枫叶。在火红枫林树下请客人品尝枫糖茶，这种茶制作别具一格，盛上一杯洁白的春雪，然后浇上热烘烘的枫糖浆，便变成清香可口、色味俱佳的甜茶。热情的主人还拿出枫糖糕和枫糖糖果，任人品味。

在节日中，各枫糖产地人民欢庆集会，表演各种精彩的民间歌舞。欢乐的枫糖节，往往持续到三月底才结束。

西班牙的法耶节

举世闻名的法耶节，每年三月十二日至十九日在西班牙东部濒临地中海的古城巴伦西亚举行。

法耶节主要活动就是建造、展出和火烧纸型。纸型高大无比，形象逼真，活灵活现，维妙维肖。在各主要街道和广场上展出纸型有中世纪教堂、高达数层楼的建筑物等。纸型内容一般取材于现实生活，以揭发社会丑态和讽刺世事。这种纸型当地人叫做"法耶"。

节日里，还要选出"法耶"小姐和皇后来主持典礼；各区各街组织美女游行，以乐队为先导，载歌载舞，全市欢庆。

节日高潮是最后一天，人们把这些精致纸型付诸一炬，一时火舌直冲云霄，爆竹和焰火四起，全城沸腾。

芬兰的赛鹿节

每年三月十五日，是居住在芬兰北部拉普兰地区的拉普人的赛鹿节。

节日这天，人们兴高采烈地来到伊那利大湖周围观光。比赛开始，每头鹿由一名手执缰绳的参赛者驾驭，他身穿滑雪衣，戴着护目镜，脚上系着滑雪板。号令一响，赛鹿飞跑在冰湖上。比赛路程为2公里，靠近终点时，赛鹿还要通过一个特设的急转弯，这是检验每个驯鹿者技艺高低的关键时刻。

这种比赛有团体赛和显示优美技巧的花样赛。每头鹿代表一个地区，参加比赛的驯鹿者在衣服上写上自己的名字，以便裁判鉴别。优胜者给予奖励。与赛鹿同时进行的有投掷套索套鹿赛，这是拉普人放牧时套鹿技术表演。

联邦德国的街道节

每年春季，联邦德国慕尼黑要举办别具一格的街道节。慕尼黑赫尔措克大街的居民每逢街道节，就在大街上摆好桌子，放好凳椅，还准备了大量的啤酒、矿泉水、香肠和干酪，供居民们在节日里饱餐畅饮。节日开始，教堂钟声齐鸣，居民们高兴地唱歌、跳舞、听音乐，市长还到

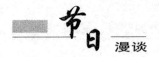

场作讲演。许多剧团和乐队也来为居民演出。人们还可欣赏古老的骑士比武、大规模的牌艺比赛、木偶戏、民间舞蹈，还有火把游行、自行车比赛等。街道节的参加者不仅有这条大街上的居民，也有许多来客，有时参加者多达数千人。街道节一直持续到深夜。快乐的街道节使居民尽情娱乐，还可以增进邻居之间的友谊。

苏联的谢肉节

每年三月二十二日是苏联民间传统的谢肉节。节日不仅历史悠久，而且节日狂欢的规模也非同寻常。在古代，每逢节日在莫斯科要举行游行。数十辆狗熊和猪拉的雪橇走在队伍最前面，上面坐着宫廷大臣、杂耍小丑等，人们载歌载舞簇拥着车辆行进。如今，按民间习俗，节期七天，每天不同内容：星期一是迎春日；星期二是娱乐日；星期三是美食日；星期四是醉酒日；星期五是新姑爷回门日（丈母娘在这一天要宴请新婚的女婿）；星期六是姑娘见新嫂子日（未婚妻拜访未婚夫的姐妹们）；星期日是送冬和宽恕日（人们互相串门，请求对方宽恕自己的言行）。节日期间家家户户煎烤薄饼，大摆酒宴，探亲访友，十分热闹。苏联人民认为"谢肉节"这一词本身便包含安宁、温饱和欢乐的意义。

四　月

缅甸的泼水节

每年四月中旬，缅甸人民要举办一年中最盛大的泼水节，这是缅甸年节，通常历时三、四天。

节日这天，要举行泼水仪式。人们手拎水桶，手拿水枪、水龙等泼水器具，聚集在广场、街头，当仪式主持人宣布泼水开始，人们就互相泼水，在飞溅的水花中追逐嬉戏。泼水，含有辞旧迎新之意。

节日里，街头搭着彩牌；露天舞台上，演出着优美的歌舞；青年们竞相乘着装饰成孔雀、天鹅或宫殿的花车参加游行。

敬爱的周总理生前九次访问缅甸。在1955年和1960年，周总理和缅甸人民欢度过两次泼水节。

西班牙的鼓节

西班牙特鲁埃尔省的卡兰达镇，在每年耶稣受难日（复活节前的星期五），要举行独具一格的鼓节。据说，在十二世纪某年耶稣受难日那天，北非野蛮部族阿尔穆拉维德入侵西班牙，卡兰达人听到山上牧羊人敲鼓报警，便全镇人撤出，幸免遭难。以后，就在这天举办鼓节。

鼓节早上，卡兰达镇有2000名（占全镇人口一半）身穿紫缎长袍，挎带各式鼓具的鼓手，集中在教堂前广场上。正午教堂钟声一响，两千面鼓便震天动地的猛响起来。下午四点，开始游行，鼓队先导，接着彩车，后面又是大批鼓队。随后各自回家敲一个通宵的鼓。次日黎明，又集中广场，镇长念道："天父在上"，人们随声说："阿门"。鼓声立刻大作。片刻，镇长放下手中权杖，鼓声戛然而止，宣告鼓节胜利结束。

泰国的宋干节

泰国的宋干节是新年节日，在每年公历四月十三日至十六日。

节日的第一天清晨，家家户户须打扫清洁，给佛寺送去红糖饼和米粉，同时也把这类食品分送给村寨里的老人和亲友。在这一天，人们还要燃放火花和放高升，祈求年丰人寿。

第二天为堆沙日，人们把沙子运到寺院的院落里，将沙堆成塔形敬献给佛，然后又把沙子撒在整个院子里。

第三天，人们去佛寺祷告，送给和尚一些食品，并用净水洗涤佛像。随后，人们就按圣水洗佛的习俗，相互泼水祝福，求佛保佑。

在中部鱼米之乡暖武里一带，人们将平日喂养的鱼、鸟等观赏动物，送到郊外放生。

尼泊尔的马其亨德拉纳特节

每年四月在尼泊尔雨季来临之前，加德满都河谷地区要欢庆一年中最盛大的拉托·马其亨德拉纳特节。祈祷这位雨神早降甘露保丰收。

节日期间，成百名信徒肩套纤绳，拉着供有雨神的"圣车"，在乐队先导下，沿古时规定路线缓缓前进。男女老少争先恐后地用手碰一下车轮，把手掌放在额上为自己祝福。

当"圣车"到达扎瓦拉克赫广场时,庆祝仪式进入高潮:一个和尚从"圣车"上取下镶满宝石坎肩这一雨神神物,并在圣车车轮上绕个圈,向每个方向展示三次。另一个和尚即攀上耸立在"圣车"上的圆柱顶,从那里掷下一个小铜盘,大家关注着圆铜盘落地后哪面朝下。它将决定今年的前景——雨水和丰收,还是旱灾和荒年。

墨西哥的赛驴节（每年4、5月间）

墨西哥的奥同巴市被称为"世界驴都",一年一度的赛驴节就在该市举行。5月1日前后,是赛驴的高潮时节。赛驴节的内容丰富,其中有:骑驴足球赛。每队由手持扫帚的6名队员组成,在激烈的交锋中,奋力将足球扫进对方球门,最引人入胜的节目是骑驴赛跑和驯驴表演。参加者老少皆有,有的甚至全家一齐上阵。担任裁判的是一位戴驴头面具的"驴老先生"。各项比赛的胜者均可获得数量不等的奖金和饲料。

埃及人的闻风节

四月十五日,是埃及人的春节——闻风节。我们应朋友之邀,驾车外出,一睹当地百姓度佳节的风情。

闻风节,是埃及最古老的传统节日,其历史可追溯到5000多年前的法老时期。"闻风"的名称是由古埃及语演变过来的。当初,古埃及人把一年中白昼与黑夜时间时等、春风送暖、万物生长的这一天视为新年的开始。每年的这一天,他们都要举行盛大的庆典。这就是闻风节的起源。以后随着时代的变迁,埃及人把这一传统节日正式称为闻风节,固定在每年相当于春分月圆后的第一个星期一。朋友介绍说,古代埃及人认为,这一天外出"闻风",可以祛病避邪、强身壮体,谁最早出门"闻到春风",谁就会在这一年中交好运。

埃及的节日众多,然而唯有闻风节是全体人民共度的民间传统节日。同时,它又是现代埃及唯一从古代法老时期继承下来的节日。闻风节也被叫作春节。这一天全国放假一天,当地百姓不分民族和宗教信仰都会以传统的方式喜迎这一标志大地回春的节日,全民踏青春游是闻风节唯一的活动。每年闻风节,埃及各大公园及其他郊游场所提前于早晨

6时开门，交通部门专门增设了春游客运线路，以接待成千上万寻芳踏青的游人。

我们从尼罗河畔来到开罗植物园和动物园，这里大地铺翠，鸟语花香，是当地人们欢度闻风节的最主要的聚集场所之一。公园内，兴高采烈的游人多以一家老小在草坪上围坐，在享受明媚春光的同时谈笑风生。野餐是必不可少的内容。闻风节的食品至今保持法老时期的风俗，要吃煮鸡蛋、生咸鱼、大葱、生菜和埃及豆。古埃及人认为鸡蛋是生命的起源，地球形同鸡蛋，分为天地两半。吃鸡蛋有吉祥之意，熟鸡蛋往往染上红、灰、褐等颜色。大葱被看作神圣的食物，可以驱病避邪；生菜和埃及豆则是古埃及人供神的祭品，也是埃及人喜食的两种蔬菜。至于生咸鱼，由于不太卫生，多数埃及人平时已很少吃，但是在闻风节这天不少人还是食用。这种咸鱼由盐和橄榄油腌制而成，叫做"法西赫"。据说，古埃及人就是以此法保存鲜鱼不变质，延长食用期的。

夕阳西下，人们在饱览大自然生机勃勃、万象更新的风光后，开始依依不舍地踏上返程。当公园清场关闭时，我们看到，还有众多的人们游兴未尽，他们聚集在公园外的绿地、尼罗河两岸、街心花园、公路上的绿化隔离带，继续感受着春天的气息，沉浸在欢乐之中……

科特迪瓦的迪裴节

每年四月前后月亮最圆的那天，科特迪瓦阿比迪族要过迪裴节，这是一个宗教节日。"迪裴"含有光明战胜黑暗、新生代替腐朽之意。

节日前所有外出的人必须赶回家，各村庄用树干封锁通道，使村庄顿时变成一座森严的堡垒，充满着隆重而神秘的气氛。

节日早晨，村中长老在河边用整羊祭献给阿比迪族的民族英雄比迪奥。午夜，各家向祖先献棕榈，以示怀念。第二天凌晨，各家呐喊赶走"死神"，听到"多多"鼓声，男子不分老幼都奔出家门跳进河里彼此泼水。傍晚，全村游行，酋长高举战刀，走在队伍最前，其余的人用木炭将脸抹得更乌黑。队伍在圣树下广场上会集，在鼓点节拍下，跳起欢乐

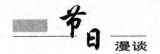

胜利舞。

日本的高山节

在日本中部山区深处，有一个美丽的小镇，叫高山镇，每年春、秋两季在这里都要举办高山节，这个传统节日已有740多年的历史。

节日期间，人们拥向街头，表演各种民间舞蹈。长长的节日队伍由表演狮子舞的人开道，接着是两列由舞蹈和木偶戏相伴的华丽的大型彩车队，由一群身穿和服的男女推拉前进。入夜，彩灯盛放，光彩夺目，犹如挂满彩旗盛装的军舰在夜海中航行，十分壮观。

五　月

希腊的迎春节

每年5月1日是希腊的迎春节。"五一"预示着春回大地，百花盛开。

"五一"一大早，各地城乡鼓乐喧天，欢乐的人群聚集到一起看演出。剧中各种角色由当地未婚青年装扮。有的扮"神人"，有的扮"情人"，有的则扮"魔鬼"。"神人"穿着白色的祭服，身上插满鲜花，头戴花冠，手握一根"五月权杖"。当他手中的权杖响动时，各种角色便开始表演。当人们正准备举行"婚礼"时，"新郎"突然被人"打死"。当演到"神人"使死者在春暖花开"复活"时，在场的观众拍手叫好。为之庆幸。庆祝活动在一片欢快、热烈的集体舞中结束。迎春节一般都是群众自发组织。要延续8天才能尽兴，欢闹的队伍从一个地方涌向另一个地方，意在向所有的希腊人传送欢乐，传送春回大地的信息。

老挝的盘龙节

五月十一日是老挝的盘龙节，也叫醉酒节，是庆祝丰收的节日。

节日里，各乡镇寺庙的"银盘龙"送首都万象集中。所谓"银盘龙"是长二丈左右，如碗口大的竹竿制成。竹竿从头到尾画上五彩花纹，根部环缚五、六根装满火药的短竹竿。然后列队游行，最后集中在湄公河畔放射"银盘龙"。和尚念经祈祷，各队群起而舞。"银盘龙"由小到大安放在发射架上后，即刻点燃火药线，轰隆一声巨响，湄公河两岸人群欢呼。"银盘龙"越放越响亮，人们的情绪也随之越来越兴奋，一条条火龙直冲云霄。龙是吉祥的标志，盘龙节是老挝人民期望五谷丰登、人口平安、六畜兴旺的节日。

泰国的春耕节

春耕节是泰国传统的宫廷大典，通常在五月中旬举行。

春耕节起源于古代婆罗门教，目的是祈求诸天神，在耕种季节风调雨顺，农作物茂盛并获得丰收。

节日由泰皇亲自主持仪式。春耕大臣在古乐声中向国王宝座叩头谢恩。然后在诸天神像前焚香朝拜；春耕大臣占卜测定年景好坏。当大臣预测到丰收年景时，观礼群众掌声雷动。在举行典礼的广场中央，春耕大臣手扶犁柄象征耕田，古乐队和婆罗门祭司紧跟在后，列队绕三圈，表示犁田。春耕大臣从农妇手中接过盛满神谷的小箩，将神谷洒在大地上。观礼群众蜂拥而上抢地上神谷，回家同自家谷种混合种植，以求丰收。

荷兰的风车节

每年五月中旬是荷兰特定的风车节。

风车在荷兰人同大自然的英勇斗争中立下了汗马功劳。170多年前荷兰有9000个工作着的风车，现存近千座。风车高的达四层楼，车叶最长达40米。荷兰成立了风车保护协会，并有一名专职技师在国内各地巡视，指导检修。

风车节时，全国所有能开动的风车都转动起来，供游人参观。事前都油漆一新，并用花环围上，悬挂着国旗和用硬纸板做的太阳、星星，以示庆贺。

比利时的猫节

比利时的易泊镇，每年在五月间星期天，要举行别具一格的猫节。

节日这天，人们从四面八方拥到易泊镇纺织品宫前的广场上，抬头仰望70米高的塔尖。上午十时钟声一响，万众欢呼，只见从塔上抛下一只用五颜六色彩布精制的彩色猫。猫肚里还塞着100个比利时法郎，钱数微不足道，但据说谁要接住这只彩色猫，便会交好运。所以人们跃跃欲试，前去看热闹，顺便碰碰运气。

据当地人讲，从前易泊镇是个繁华的城市，此后来了大量老鼠，偷吃商店食品，毁坏家庭中衣物，还传染鼠疫，弄得此城一蹶不振，大伤元气。人们痛恨老鼠，便养起猫来，结果老鼠全消灭光。为了感谢猫的恩德，保佑全镇平安，就商定一个为猫表示庆贺的节日。

菲律宾的血盟节

传说一千二百年前，唐代商人远渡南洋，在菲律宾的民都洛岛登陆，同麻逸部落芒扬人歃血为盟，通商贸易，交流文化，成为历史佳话。

菲律宾卡拉潘市的人民为了纪念唐代中国商人在民都洛岛首次登陆，纪念岛上少数民族芒扬人的古代文明和好客精神，千百年来流传着在每年五月过血盟节的习俗。血盟节当地人称为"桑杜吉安"，要欢庆一周。

节日里，由省长、市长亲自带领政府机关全体工作人员和学校师生参加，并邀请当地菲律宾华商会会员扮演"唐使"、"唐商"，数千市民化装成"土人"，市长扮演"酋长"，重演历史上唐代商人登陆与当地人歃血结盟的情景。还举行文艺晚会、体育竞赛和物资交流。

马来西亚的收获节

每年五月，马来西亚沙巴族要举办规模盛大的收获节。

节日这天，沙巴族人人穿上黑色的民族传统服装，无论男女都扎一条漂亮的腰带。庆祝活动开始，女教士们陪着由年轻姑娘扮饰的水稻精灵峇木巴阿宗从水田来到庆祝场地。女教士们唱着对造物主的赞歌，随着锣声鼓点，她们向屋子四周缓缓步行。男子们加入女教士的行列，他们一边唱，一边随着节拍跺脚，高声欢呼丰收。

向峇木巴阿宗敬献糯米或米酒后，男女老幼跳起"苏马造"舞蹈，同时喊着充满丰收喜悦的词语。男女同舞，描绘出一幅农民们在稻田里驱赶雀鸟的图景，非常引人入胜。

西班牙的引牛节

西班牙人热衷于看斗牛，更酷爱每年五月间精彩的引牛节的表演。

节日这天，选定一条大街，商店停止营业，车辆行人禁止通行。街道两旁用绳索拦住，挂上彩旗、花环。号角声响了，人们拥上人行道两旁，有的站在阳台上或蹲在窗口。不一会儿，百名穿花绿衣服的青年勇士飞奔而来，后面成百条野牛拼命追赶，横冲直撞。这时，看热闹的人们一个劲儿呼喊助威。此时，有的引牛青年被野牛踏伤或顶伤，场面十分激烈。引牛勇士一直把成群野牛引进规模巨大的斗牛场。

节日活动结束后，引牛勇士们都受到一定的奖赏，并列榜出名，被视为"青年英雄"。

六　月

丹麦的捕豚节

丹麦法罗群岛的渔民以捕豚为生，每年6月初，要举行隆重的捕豚节。

节日这天要举行盛大的捕豚竞技比赛，这天把海豚围住在海湾里。海螺号一响，所有青壮年渔民都赤身露体，驾艇下水，向海豚冲去，比赛看谁抓得最快最多。渔民们与海豚搏斗，海滩上观众呐喊助威。只见海湾里碧波激荡，水花飞溅，人声沸腾，煞是好看。

比赛结束后，由长者发奖。他首先把一条最大的海豚奖赏给最先发现海豚群的人，然后按名次给优胜者一一发奖。最后全体分食。

晚上，按传统习惯在海滩上举行晚会，人们燃起篝火，举杯畅饮，载歌载舞，预祝捕豚旺季丰收的到来。

日本的插秧节

每年六月第一个星期日，是日本南部山区千代町的插秧节，也称衔田植节。

据说京都的村民们在12世纪初已开始举行插秧节仪式。节日这天，装饰得五彩缤纷的牛群列队漫步在主要街头，牛背上撑起一面面代表各家各户的彩旗。在熊熊上升的烈火中，妇女们虔诚的祈祷着米神早日降临。随后进入高潮，领头的扮成神的化身，用歌声指挥妇女开始插秧。一旁有鼓手击鼓伴奏，一直到秧苗插满田畦为止。

当暮色降临，米神即将告退，飞回山峦。田地里的男女老幼齐声呼喊着："再见吧！米神！明年再见！"

埃及的忠诚节

尼罗河水每年六月开始变绿，预示着河水即将泛滥。这时，埃及人便举行一年一度的忠诚节欢庆仪式。仪式开始，在举世闻名的尼罗河岸边挤满了男女老少，人们载歌载舞，欣喜地观看一艘艘花枝招展的彩船。船上有一尊用石膏制成的袅娜多姿的年轻美女的模拟像。在歌声和鼓声中，人们把石膏像抛入汹涌澎湃的大河，希望和祝贺河水泛滥，以获得农业大丰收。在古代，由于人们对尼罗河的迷信和敬仰，每年都要在埃及全国挑选一位非常俊美的姑娘，让她盛装艳服，将她投进奔腾咆哮的河水中，说是为尼罗河娶妻，以示对尼罗河的感激之情和忠诚。这种落后残忍的陋习相沿了数千年，直到公元以后才逐渐取消。如今投入尼罗河的新娘已不是真人了，而是用石膏制作的模特儿来代替。

南朝鲜的洗头节

六月十九日这一天，是南朝鲜传统的洗头节。洗头可以增加自己的健美。

节日这天清早，除了患病和残废者外，男女老少喜气洋洋，三五成群相约到河边洗头。江河两岸一时热闹非凡，青年人边洗头边泼水。如果离河流较远一点的人家，便携带干粮走到清水河边洗头。

节日晚上，人们在家举办洗头宴，唱洗头歌，合家大小一起欢度节日。

葡萄牙的城市节

城市节是葡萄牙共和国的传统的民族节日，于每年6月下旬起在各城市陆续相继举行。它的由来，据说是各城市为了纪念那些替人民做过好事的人物。

在葡萄牙首都里斯本，城市节的日期是 6 月 20 日。城市节是纪念圣安东尼奥，他是十三世纪的一位传教士，为了穷人能过上温饱的生活，曾仗义疏财，把家中的积蓄散发给缺衣少食的受难者，后来被尊为里斯本城的守护神。

在沿海一带城市，这节日是纪念一位教会圣职人员圣佩德罗的，他是一位慈善家，每当渔民们有困难危急之际，常常慷慨相助，让人们渡过难关。城市节现已成为人民欢乐的节日。

法国的船员节

每年六月在法国风光秀丽的塞纳河上要举行别具一格的船员节。在塞纳河上长年来一直漂泊的货船有六千家之多。他们祖祖辈辈搞运输度日。孩子们从六岁起到十六岁这段时间是上岸读书，只有假期才回到船上与家人团聚。许多孩子在中学毕业以后，继承父业，在塞纳河上单独驾驶船只去巴黎装运货物。老人们在船上几乎过着与世隔绝的生活，除非购买日常用品，他们轻易不上岸。电视机是他们在船上时与外界联系的主要工具。一年一度的船员节是水上人家最欢乐的节日。节日这天，他们来到塞纳河和奥伊斯河交汇处，大小船只挂满五彩缤纷的旗帜，只只船儿油漆一新。人们用船组成一个热闹非常的水上大集会。在船台上进行文娱活动，又唱又跳；家家设宴款待亲朋好友，开怀畅饮。

保加利亚的玫瑰节

保加利亚的气候和土壤适宜种植玫瑰。每年 6 月初，在巴尔干的两条支脉：老林山和中部森林山之间的"玫瑰谷"举行传统的玫瑰节。

节日庆祝活动在谷内各村镇依次举行，历时一周。人们身穿节日盛装，从四面八方涌向玫瑰谷。姑娘们满怀喜悦地采来玫瑰，然后把花瓣撒向人群，把花环献给来宾。一辆辆马车载着玫瑰农来到广场，他们奏着欢快的乐曲，庆祝丰收。接着，一群头戴假面具、身系许多铜铃的"老人"，由"玫瑰姑娘"陪同，排成两行进入广场，翩翩起舞。清脆的铃声有节奏地响个不停，象征着驱赶邪恶和祈祷玫瑰丰收的愿望。

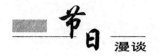

秘鲁的太阳节

秘鲁太阳节在东南部古印加"帝国"京都库斯科附近的萨克萨瓦曼城堡举行，为期九天。每当节日来临，印第安人身着盛装，携带供品汇集于此，虔诚地等待太阳神的光临。仪式开始，象征太阳神的印加王和王后登上祭坛宝座，祭司致词献礼品，乐队奏圣歌，用玉米酒燃起圣火，宰牲取心供奉太阳神。最后印加王祝愿民众和睦相处，来年五谷丰登。典礼后，人们尽情歌舞。

这个节日源于古代印加人把阳历六月二十四日定为南半球的"冬至"，并在这天祭拜太阳神的庆典习俗。印第安人自古崇拜太阳，他们有谚语说："别的民族崇拜各种不同的太阳，我们即敬奉永恒的太阳"。相传，在古代，太阳神把金犁和种子赐给了他们。他们用金犁开垦了沉睡的大地，播下了种子，长出了五谷。从此，人们每年都举行一次太阳祭。

七　月

印度的眼镜蛇节

在印度克里施纳河上的希拉拉镇，自古以来每年七月要举办传统的眼镜蛇节。

节日期间，人们从印度各地把捕捉到的"蛇王后"用独特的箱子运到镇上来欢度佳节。印度人有这个传统看法：眼镜蛇是慈善的蛇，并认为它从来不首先攻击人。

希拉拉镇的眼镜蛇节自始至终非常热闹：展出五光十色的眼镜蛇；让眼镜蛇在鼓乐声中摇头摆尾地舞蹈；交流捕蛇经验；探讨治蛇伤的妙法等等。当节日宣告结束时，人们纷纷把团在箱子里的眼镜蛇释放出来，让它自由自在地返回大自然。按当地习俗，第二年节日时再运一批新的"慈善蛇"来。

缅甸的瓦梭节

缅甸的国名全称为缅甸联邦社会主义共和国。位于中南半岛西北部。

缅甸的瓦梭节是在缅历的四月中旬月圆之日（约在公历七月的月圆日），此节又称为"关天门节"。据佛教的传说，在缅历的四月十五至七月十五，是佛祖释迦牟尼"结夏安居期"。因而，按照缅甸的风俗习惯，自瓦梭节开始便进入大斋戒期：持续时间约三个月左右。在节日期间，人们不得进行婚嫁和迁移住所的活动。这个时间内，也正是缅甸多雨的农忙季节。因此，缅甸的瓦梭节实际上是一个农忙节日。

印度的打夫节

印度的打夫节，是做妻子扬眉吐气的节日。平时唯夫命是从的妻子，在这天获得打丈夫的合法权利。这个节日已有八百年的历史。节日早晨男人们奏乐、唱歌、跳舞、游行出村。到下午，他们各自做好防护工作：用旧布把全身缠好，每人准备一个圆形水牛皮盾牌，随后饮用一种药酒，接着带有几分醉意，无可奈何进村挨打。男人们一来，妇女蜂拥而上把男人们包围起来"打夫圈"。男人们乖乖跪下，同时各自把盾牌举到头顶上。这时，妇女们举起竹竿，无情地向圈内的男人们身上打去。男人们威风尽失，不许出声，不许叫痛，更不准反抗。谁想逃避，就会被视为懦夫。旁观的未婚男女都欢呼起来，妻子们便打得更有劲。但看到有哪一个男人受不住，妻子会手下留情，故几百年来从未发生过打死丈夫的事。

西班牙的圣法文节

西班牙的帕姆帕洛纳地区，每年七月十三日举办传统的圣法文节。

在这个节日中，人们疯狂地饮酒，表演民间歌舞和斗牛比赛。圣法文节成了狂欢节。

在节日活动中，斗牛比赛最引人注目。西班牙素有"斗牛王国"的美称。节日这天，人们拥向斗牛场观看惊心动魄的搏斗。斗牛每场分六等进行，每等斗一头牛，由小牛到大牛。斗牛开始，十几个斗篷手挥舞红色斗篷刺激公牛，接着两名斗牛士用长矛直刺牛背，公牛背上鲜血淋淋，变得怒不可遏；然后投枪手将三对投枪插进牛背，公牛疼痛暴跳。最后斗牛士持剑入场，如一剑刺死公牛，斗牛士获最高荣誉；如三剑刺

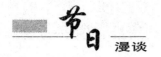

不死公牛，斗牛士会被终生逐出斗牛场。而这头牛治好伤后，会像神一样供养起来。

尼泊尔的乌鸦节

尼泊尔位于喜马拉雅山脉南坡，地势北高南低。北部气候寒冷，南部温暖多雨。尼泊尔是个农业为主的国家。

每年七月中旬是尼泊尔别具一格的乌鸦节。尼泊尔人信仰印度教和佛教，各处均有众多的寺庙建筑群，被誉为"寺庙之国"。平时，人们看到成群的乌鸦飞来，停留在寺庙殿阁的大屋顶上，因此在尼泊尔人心目中乌鸦是吉祥如意的象征。节日这天，人们将炒米、饼干等食品放在屋顶与院内地上，供乌鸦尽情啄食。前来过节的大嘴乌鸦、秃鼻乌鸦、白颈鸦、寒鸦、渡鸦等越来越多，主人就越高兴。

墨西哥的面包节

面包节是墨西哥米却肯州和格雷罗州农牧民为表彰替当地人民做了好事的人而规定的节日。那一天受表彰的人被称为"节神"。面包节一年一度，节期在"节神"生日那天。节日期间，村庄、牧场，到处喜气洋洋，男女老少都参加歌唱队、舞蹈队。舞场中央，放一排长桌，上面摆满了"供品"，有油炸面包圈、传统烤肉、玉米粽子等。尽情歌舞后，人们便开始同"节神"分享供品。最后节日活动进入高潮，开始往"节神"脖子上套面包圈。这些特殊的面包圈，象征着人们对"节神"的爱戴和忠诚。随后，"节神"取下身上面包圈，放到一个大礼品盒中，再放些巧克力糖球。由妇女代表把礼品盒送往"节神"指定的地点："节神"最心爱的人或亲朋好友那里。

泰国的雨节

每年七八月间的一天，人们都要把神像抬到无顶的围栏中，以烈日曝晒。婆罗门教徒在神像前诵经求雨。这就是泰国一年一度的雨节。

英国的伦敦意大利节

英国伦敦的克莱肯维尔区自1800年起就是意大利人聚居的地方，有"小意大利"之称。

出于寻根的意识，每年的七月二十二日，这里都要隆重庆祝"意大利节"。这天，成千上万的意大利人簇拥着载有圣母玛利亚塑像的大型彩车在街头歌舞游行。节日里，人们还可以欣赏意大利传统民间舞蹈，品尝意大利独特风味的食品。

八　月

联邦德国的葡萄酒节

联邦德国摩泽尔河畔的特里尔，每年8月的第一个周未要举办传统的葡萄酒节。摩泽尔河流域是西德十一个大的葡萄产区之一，有着酿造葡萄酒的悠久历史，早就享有盛名。节日仪式开始，一名十分活跃的酒窖师傅在台上领头唱歌，坐在台下的二千多名男女老少齐声合唱，他们手挽手，左右摆动身子。唱完一支歌，大家又举杯畅饮，饮完酒又唱歌，一个歌一杯酒。接着推举葡萄皇后并为她加冕。各葡萄产区派出年轻美貌的姑娘进行竞赛，为本地区出产葡萄酒进行宣传。一旦葡萄皇后选出，台上台下歌声此起彼伏，节日庆祝活动达到了高潮。节日里，各葡萄农家临时开设酒店，邀请至亲好友畅饮，一群群旅游者也登门品尝，并买回价格比平时便宜的葡萄酒。同时，特里尔的大大小小葡萄酒窖也对外开放，以供参观。

斯里兰卡的大象节

每年八月间，在斯里兰卡的康堤都要举行历时三至五天的大象节。

八月康堤山明水秀，气候宜人。节日期间市区建筑物披上了彩色盛装。人们蜂拥而来，观看大象游行。队伍最前的是鞭子队，几十人扬鞭开道，接着是各神庙组成队伍：佛牙宫队、那特神庙队等。这些队都以鼓队先导，接着便是好几只披红戴绿、珠光宝气的大象，然后是舞蹈队。佛牙宫大象最引人注目，他们驮着那万人景仰的佛牙（舍利）塔。

节日晚上，整个城市灯火辉煌，万人空巷。人们都尽早来到街头，翘首以待那五彩缤纷的大象游行和祭神游行的再现。

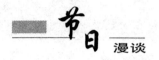

尼泊尔的神牛节

每年尼历四月（公历八月）间，尼泊尔人要举行盛大的神牛节活动，连续庆祝八天。

节日来历有两种说法：一说人死后都要入阴曹地府见阎罗王，并视其在世间善恶决定去向：或升天，或到人间，或下地狱。而去阎罗殿的道路十分艰难，死者的灵魂只有神牛的指引和保护才能渡过难关。故尼泊尔人敬牛如神，一说马拉王朝时一位国王丧子，王后悲痛欲绝。为安慰王后，让她知道每年丧子之户何止万千，国王下令当年丧亲之户都赶牛上街以示哀悼，从此留下了神牛节。

节日期间，尼泊尔人对牛都要以上等饲料慰问，并赶牛上街环城游行。人们给牛披红挂彩，在角上套上花环，吹吹打打，十分热闹。

澳大利亚的羊节

澳大利亚的新南威尔士、维多利亚、南澳大利亚和西澳大利亚等州的不少地方，每年8月14日要举办独树一帜的羊节。

澳大利亚被誉为"骑在羊背上的国家"。这里本来没有一只羊。十八世纪后期，欧洲移民第一次带去29只绵羊。由于这里草原良好，自流井多，气候干燥，适于绵羊的生长和繁殖，到十九世纪二十年代，绵羊已达6000万只。羊毛远销国外，成为澳大利亚最主要的出口商品。目前澳大利亚绵羊数居世界第一位，近几年约有一亿三千万只左右。

羊节早晨，牧羊人燃放鞭炮，向羊群讲一些道喜的话。然后将它们赶到水草最丰盛的地方，任其细嚼慢咽。

日本的筷子节

为了感谢筷子长年累月、一日三餐辛勤地"劳动"，据说有位名叫本田总一郎的学者提议把每年的八月四日定为"筷子节"，以保持和发扬"筷子精神"。本田总一郎的建议得到了各界人士支持和社会的认可。

如今，全世界有15亿以上的人用筷。据科学家研究表明，用筷有利于人的智力发展。日本人在筷子节时要告诫人们在餐桌上用筷的礼节：一忌半途筷，用筷连吃几种菜，二忌游动筷，东挑西拣；三忌窥筷，持筷东张西望；四忌碎筷，用筷撕食；五忌剌筷，以筷代叉；六忌签筷，用筷剔牙；七忌泪筷，筷头上卤汁如泪；八忌吮筷，用嘴舔筷；九忌敲筷，用筷敲打碗盆；十忌点筷，用筷指人。

日本的盂兰盆节

每年八月十三日——十五日的盂兰盆节，是日本极为重要的节日之一。就民间节日而言，它可与新年比美。

节日期间，各大公司和机关团体都放假，不少人回乡度假。节日活动各地不尽相同，不过大的原则都差不多：以十五日为中心，前期叫宵盆、迎盆，后期称"终了"、"末端"。十三日是迎接日，这天高挂有家纹的灯笼，点燃用茅搓成的绳子上坟去请祖先回家。有的用茄子、萝卜、土豆做一匹马，让祖先精灵乘坐回家。请时要向墓碑浇水，供上一些鲜花。请到家中以后，在佛坛上摆上祖先牌位、遗像，供上死者生前喜爱的果品、水等，再点上香。十五日是欢送日，人们打着灯笼将灵魂送回坟地，在坟前烧掉灯笼，口中念道，明年盆节请再回家过。如果父母当年去逝，这家这一个盂兰盆节便叫做"初盆"，纪念要格外隆重，儿女要从外地赶回老家，祭祀父母灵魂。

盂兰盆节起源于中国。五世纪时，"盂兰盆经"（盂兰盆为焚文译音，意即"救倒悬"）中的目连救母的故事在中国极为流行。目连即目犍连，是释迦牟尼十大弟子之一。他生母死后极苦，如处倒悬，目连求佛救度。佛言如其于农历七月十五日备百味饮食，供养十万僧众，即可解脱生母之苦。目连依照佛旨设"盂兰盆会"，果然使母亲摆脱饿鬼道。盂兰盆会系佛教仪式，佛教徒于农历七月十五日为缅怀祖先而举行。六世纪前期，梁武帝时代开始仿行，此后盂兰盆节便盛行起来，并于七世纪中叶传入日本。先入佛门，继而进宫廷，最后渗透到民间。至仓镰时代与施舍饿鬼会、万灯会结合举办，后又转变为"精灵祭"，所以盂兰盆节又称为"祭魂节"。从江户时代起，节日时间延长为三天，此后便成为惯例。日本改用西历后，盂兰盆节也由农历七月十五日改为八月中旬。

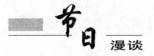

瑞士的葡萄节

瑞士的葡萄节始于十二世纪。每年八月当葡萄丰收的季节来临之时，一年一度葡萄节在小小的韦维城举办。

穿着鲜红的中世纪坎肩的官员和鼓手宣告节日活动开始：葡萄种植业和酿酒之神巴考士，端坐在六匹大黑马拉的金色大型马车上，走在游行队伍前面。老牛脖颈上套着花环，拉着丰产女神赛丽斯。紧接着是五彩缤纷的群众队伍。

巴考士和赛丽斯在露天剧场向优秀的葡萄种植者赠送镀金桂冠，使节日庆祝活动达到高潮。随后在宽阔的舞台上便开始为时达三小时的音乐会。从瑞士各地和世界各国到这里来欢庆别具一格节日的人们，还品尝各种美味可口葡萄酒。

墨西哥的圣船节

圣船节（墨西哥）圣船节是拉丁美洲最古老的节日，也是墨西哥古老文化的一个象征。这个节日，至今仍在墨西哥的墨西卡尔滴塔岛盛行不衰。

每年盛夏的一天，这个岛都要以一年一度的划船比赛来庆祝圣船节。节日那天晨曦初露，圣佩德罗和圣巴勃罗的圣像就被抬到各自的"圣船"，向湖中心缓缓驶去。紧随其后的一只大船坐着"圣母"，她代表阿兹特卡人。后面几百只小船分成两路，他们是两位"圣人"各自的乐队和啦啦队。所有的船到湖中心后，便以两只圣船为中心围成一个小岛，此时欢声四起，鼓乐大作。神父在当地官员的陪同下，来到一只大船上和大家一起礼拜，然后俯身向湖水祷告，为当地人民祈求幸福，然后，大主教宣布划船赛开始。

因为圣佩德罗是当地渔民的象征，所以他所在的船总是胜利者。当这只船抵岸时，人们兴奋至极。当地市长走上船头，把最名贵的纪念品——一条相传了几百年的带有金色大虾的红色绸带披挂在圣佩德罗的圣像上。然后在一片歌声中，将两尊圣像抬到一座庙宇门口，短暂的欢迎仪式结束后，圣佩德罗圣像上的金色大虾即被取下挂在庙中他的金身塑像上。晚上，兴奋的人们上街秉烛夜游，以庆贺圣佩德罗的胜利。

九　月

摩洛哥的新娘节

摩洛哥艾特哈迪柏柏尔部族具有特色的新娘节，也叫穆塞姆节，在每年九月份举行，持续三天。

节日期间，待嫁少女身着白衣，外披绣有部族标志的花格羊毛披衣，在亲人的陪伴下，一排排地坐在集市的祠堂前面，等待意中人的到来。求婚的小伙子们则头缠整洁的白毛巾，在知己朋友的陪同下，穿梭于待嫁姑娘群中，当找到了意中人时，便伸出右手求爱。姑娘如果拒不握手，即表示拒绝，如果同意，则说"你掳走了我的肝"（柏柏尔人认为健康的肝脏能给家庭带来幸福和美满），然后即商定婚期。年复一年，这个新娘节成全了许许多多的美满姻缘。

意大利的赛船节

划船比赛是意大利水城威尼斯最崇尚的活动之一。每年的六月至九月，这里都要举行七八次划船比赛，其中以九月第一个星期日这次最为隆重，历史也最悠久（据记载，最早一次木桨船比赛于1247年9月15日举行），所以被称作"历史性的的雷加塔"（意即木桨船比赛）。

赛船节目一般分两部分，先是体育队的船只和化装的古代船队表演，然后才是正式的划船比赛。

关于赛船的起源，说法不一。比较流行的一种认为，它源于当年威尼斯附近一些小岛上的菜农清晨去大运河边的菜市运菜途中经常进行的竞争表演。

美国的辣椒节

美国新墨西哥州哈奇城把每年九月五日定为"辣椒节"。这一天，人们要组织鉴定辣椒品种，比赛辣椒烹调技术，品尝以辣椒为主要原料的各式菜肴和辣椒酒。获奖菜肴将记入《哈奇城辣椒节食谱》一书，由餐馆在当天中午向顾客供应。

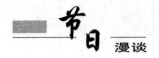

农民们在这一天也蜂拥而至，出售辣椒和各种蔬菜。

葡萄牙的花节

葡萄牙山村小城普马约尔一年一度的花节闻名遐迩，令人心醉：那万紫千红的花朵，把整个城市打扮得五彩斑斓，春深如海；道路上庭院里，处处彩蝶纷飞，鸟兔相迎；家家桌上，摆满酒瓶、酒杯和各种水果……然而，当你兴致勃勃地去嗅嗅花的香味或是饥肠辘辘要持酒畅饮时，你会发现，这一切全是纸做的！做得那样逼真，那样富有情趣，真是"纸做繁花令人醉，巧夺天工假乱真"。

1986年9月的第一周，是这里的第一百届花节。庆祝活动自然比过去哪一届都要隆重。据说全城制作了近百万朵花，将一百零四条大街小巷全装扮了起来，不管哪个季节、哪个地方的花都在那里争鲜斗艳。有位八十二岁的老妇为这届花节扎花竟用了四千多米长的线，扎出多少花便可想而知了。

印度的十胜节

每年九、十月份印度各地要举办传统的十胜节。这是印度教三大节日之一。十胜节的内容是欢庆罗摩战胜十首魔王罗波那。它来源于印度史诗《罗摩衍那》。罗摩是大神毗湿奴的化身，是十东王的大儿子。他品德高尚，武艺超群，是印度人心目中的保护之神。

十胜节共庆祝十天，头九天到处搭台演戏，从罗摩出生演起，一直到战胜罗波那为止。第十天晚上是高潮。这天傍晚，演戏的广场上立着十首魔王罗波那等三个巨大的面目可憎的纸人，里面装了许多鞭炮和焰火。太阳刚要落山的一霎那，带火的弓箭从罗摩的弯弓中射出，罗波那等妖魔一声轰响，火焰腾飞，彻底完蛋。周围的人群欢声雷动，经久不息。

巴西的墓隆博节

每年金秋时节，巴西东北部人民总要欢庆传统的基隆博节。"基隆博"在葡萄牙文中的意思是"逃奴堡"。十七世纪，大批非洲黑奴被贩卖到巴西，他们不堪忍受非人生活而纷纷逃往丛林建立逃奴堡。后在殖民者残酷镇压下，奴隶们宁死不屈而集体跳崖壮烈牺牲，在巴西历史上留下了光辉的一页。为了纪念不屈的黑人英烈，每年举行纪念活动，形成基隆博节。过节时，人们用树木和棕桐叶搭成堡垒，接着鼓乐齐鸣，鞭炮齐放，人们扮演成黑人英烈，挥舞刀枪棍棒，杀声阵阵，众志成城击败了殖民者。象征性的战斗结束，人们把备好的水果、猪肉、美酒抬到广场中央，尽情畅饮，共享胜利欢乐。随后跳"曲棍舞"，个个赤脚光膀，腿扎树条，手舞棍棒，左转右旋，前俯后仰，舞姿矫健。

联邦德国的品酒节

在联邦德国西南部小城巴德杜尔克海姆，每年九月在这里举行据称是世界最大规模之一的品酒节。

巴德札尔克海姆地处联邦德国最大的葡萄产地。品酒节时，人们拥进酒馆，开怀畅饮。而吃饭时，大家传递着酒杯喝酒，据说这是当地的习俗。众人共酒杯，以示亲密意；众人同饮酒，佳节均如意。在该城郊区有一个巨大的木制酒桶，在面对大路一侧的酒桶盖上刻着"容量一百七十万公升"的德文字样，号称是世界上最大酒桶。其实，跨进"酒桶"就发现，这是一座别具风格的二层楼酒馆。在品酒节时，一百多个位置座无虚席，人们一边品酒，一边谈笑。

埃塞俄比亚的马斯卡尔节

埃塞俄比亚的马斯卡尔节是最热闹、最隆重的基督教（东正教）节日。在阿姆哈拉语中，"马斯卡尔"意为"十字架"。据说，这个节日是基督教徒为了纪念公历326年海伦王后找到耶稣基督的真正十字架而举行的。

马斯卡尔节时在每年公历九月二十七日。这时正值雨季刚过，收割即将开始，也是鸟语花香之时。节日期间，互访亲友，而亲友邻居之间若有不和睦的，也往往趁节日互访的机会和好起来。届时，青年男女也喜欢在这吉庆的日子里举行婚礼，节日之夜，在广场上燃起篝火，人们身着漂亮的"沙乌"，一手拿着马斯卡尔花（一种像十字的黄色小花），一手高举火炬，围着篝火纵情歌舞。

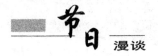

十　月

埃塞俄比亚的迎春节

埃塞俄比亚锡达莫省的华勒莫人，每年在公历九月底或十月初，要举办一个具有民族特点和传统的迎春节日。节日要持续两周。

节日第一天家家宰牛设宴，开怀畅饮。第二天，人们用安卡树烧成灰涂在额前，聚集在广场上载歌载舞，尽情欢乐迎春光。第三天，每个孩子带一束花到亲戚家，分别敬献给这个家庭的父亲和母亲。晚上继续歌舞娱乐，每个男子都要点一个火把，并把它抛到门外，以示节日祝贺。

节日里，出嫁女儿都得回娘家拜望双亲。并带上一种"罗格苗"礼物（用卷心菜、干酪和奶油制成的菜肴）。娘家要设专宴款待儿女，并邀请亲戚和邻居出席作陪。

荷兰的国菜节

每年十月三日为荷兰的国菜节。在荷兰，把一种由土豆，洋葱和胡萝卜配成的菜尊为"国菜"。每年十月三日，几乎所有的荷兰人都要吃它。

据说，国菜节的产生有一段不寻常的来历：1574年5月26日，西班牙军队包围了荷兰的莱顿市。吉列尔莫亲王要装备舰队给予援助，要求他们坚守三个月。90天过去了，不见援军，军民仍坚守。十月二日，大暴雨下了一整天，运河的水上涨了，亲王的舰队起航了。西班牙军队立即溃退。城里饥饿的居民奔向西班牙阵地赶紧去找些吃的。但只剩下一些土豆、洋葱和胡萝卜等粗陋食品，人们把这些食品放在一锅烩熟，津津有味大吃起来，这时是1574年10月3日晚。

日本的水上木筏杂技节

水上木筏杂技节，是日本东京都的传统节日，源出于德川幕府时代，在每年十月第一个星期六举行。

节日这天，在东京都江东区深川木场周围，人山人海。表演开始，只见从深川水道上游急流中，放筏工人驾着一根根单木直冲而来。他们脚踏单木是那样轻巧、自如，就如在平衡木上做技巧表演一样，这是"单木放流"杂技。接着是一串串木排从急流中避过一个个暗礁，似脱缰野马奔腾起来，放筏工人用竹竿撑着，他们的动作是那样敏捷、果断，这是"筏子急流"节目。还有"抢筏脱险"、"八仙过海"等惊心动魄的表演。在场观众不时为筏木工人绝技表演而欢呼、鼓掌。

老挝的灯船节

每年十月十五日这天是老挝传统的灯船节。这一天，万象居民盛装，敲起长鼓，唱着古老的民歌，拥向湄公河北岸，参加灯船节盛会。

十四日晚上，举行灯船下河仪式。湄公河上笼罩着银色的月光，晶莹的涟漪在轻轻跳荡，秀丽挺拔的椰子树随风轻摇树叶，给这条"圣河"增添了几分妩媚。这时候河上出现了一座座"金龙"和"金塔"，这是人们用珍珠般的小灯泡或蜡烛照亮的渔船。男女老少带着用竹片或香蕉叶做成的小船，在小船里放上一束鲜花或纸钱，点一支蜡烛，然后放到河里去，祈求"圣河"保佑。相传，这些有着灯光的小船是用来怀念"五佛之母"的。

尼泊尔的达希拉节

达希拉节是尼泊尔各族最隆重的一个节日，在每年的十月份，庆祝两周，政府工作机关要放假四天。这个节日是纪念女神达维战胜牛魔王马喜沙苏神的节日。

节日第一天，人们在壶里装满"圣水"，放在盛满沙土的瓦盆上，壶周撒满稻谷，以预祝农业丰收。从这天起至第九天叫"九夜"。在这九天中，人们午夜一时起床，敲着锣鼓到巴格巴蒂圣河行浸浴礼。

节日第九天是"牺牲日"，在女神庙前屠宰牛羊祭祈。

节日第十天是"胜利日"，是接受女神恩赐的日子。最后四天进行社交活动，人们访亲问友，你来我往，尽情欢乐。

墨西哥的辣酱节

以辣椒、芝麻、花生、杏仁、洋葱等原料制成的辣椒酱，是墨西哥

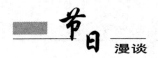

人民日常生活中不可缺少的食品。每年十月份，在首都墨西哥城的南郊一个叫阿托克潘村，要举办传统的全国辣酱节。

阿托克潘村中，有百分之八十的村民从事辣椒酱的生产和销售，年产量达三万多吨，行销全国各地。节日里，村民们当众熬制色、香、味各不相同的辣酱，供来自各地的游人选购。

节日期间，全国各地生产辣酱和辣酱食品、辣酱罐头的厂家、单位云集。全国和世界各地辣酱商也来洽谈业务、签订合同。

柬埔寨的送水节

每年农历九月月圆时节，是柬埔寨送水节。

送水节在湄公河落潮时有三项活动：赛龙船、放河灯、祭月亮。节日这天，王族议员、各级军政官员以及各国使节都聚集在湄公河畔，参加观礼。在湄公河上搭有浮宫和许多观台，供贵族和军政要人观看。

节日晚上，当月儿冉冉升起时，湄公河上就响起隆隆炮声，祭月和放河灯就开始了。接着竞赛的龙船就驶向河心，赛龙船就开始了。张灯结彩的船只，在河中穿梭，五彩缤纷的焰火冲向夜空。人们默默祝愿：湄公河的流水啊，愿你将一切灾难冲走，把快乐和幸福带给两岸的人们！

美国的"鬼节"

十月金秋，在美国的农贸市场买菜，远远望去大大小小的南瓜整齐地排列着，在阳光下一片橙黄，主妇们纷纷选购。这就预示着南瓜充当主要角色的"鬼节"即将来临，时间是在每年万圣节前夕，也即10月31日夜。

关于"鬼节"，在美国有不少迷信的传说。据说很久以前，一群来自高卢（欧洲西部的古国）和英国的僧侣与巫师们断言，每年万圣节前夕是不祥之夜，凡妖魔鬼怪都会出来伤害人类。巫师们还声称，猫原来也是人，由于有了邪念才变成动物。因此猫特别是黑猫也是鬼怪的一部分。僧侣和巫师们说，南瓜是人头部的象征，在门上挂上南瓜便可以驱邪赶鬼。

相传下来，每逢"鬼节"，美国家庭总要买上一个大南瓜，挖空后在表皮上刻出口眼鼻，望去像个人脸，里面点上灯，在那不祥之夜挂在门前，以人驱鬼，以正赶邪。

也有人把类似吊死的黑猫的模型画片挂在门前，惩治邪恶。

在"鬼节"期间，美国家家都做南瓜饼，据说吃了可避邪。

10月30日夜，美国各家小孩也像我国小孩盼除夕夜吃饺子得压岁钱一样地盼望天黑。有的小孩穿上戏装，在脸上乱画扮成鬼怪，天一黑纷纷走出家门，挨户叫门并口喊"是欺骗还是款待"。房主人闻产便忙不迭地应声"我款待你们"，一面把事先准备好的糖果分给孩子们。否则孩子们就会惩罚那些不友善的人家，在他们的门上乱涂一通走掉。如果处在住户较集中的地区，整个晚上川流不息要接待多次，糖果也自然要多备些。

此外，一些较大的购物中心也都备有免费糖果分发给上门的孩子们。是夜有的父母专门开车送孩子去购物中心，当然也会顺便买些别的东西，整个晚上商店生意十分兴隆。

十一月

印度的屠妖节

印度在每年十一月间要举办屠妖节，这是印度教徒的大节日。

节日早晨教徒们洗过澡，全身涂上姜油，表示纯洁和清白。然后，一家人到神前祷告，把鲜花祭奉给财富和繁荣女神拉丝蜜。

教徒们还要到庙堂去祈祷和感恩。妇女们捧着碟子，里边盛有槟榔叶、槟榔、香蕉、鲜花和香料，以祭奉天神。在天神像前，人们双手合十，闭着眼默默祷告。祷告完毕，教徒们把右掌搁在左掌上，伸向前去，教士把朱砂粉放在教徒的掌心上，让他们点在前额。

节日晚上大放焰火，火树银花，照耀天空。屠妖节是善良战胜邪恶，光明战胜黑暗的节日。

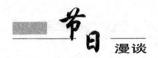

老挝的塔銮节

每年十一月上旬，老挝要举办传统的佛教节日——塔銮节。

相传，佛祖释迦牟尼在公元前563年"涅"之后，遗体火化，遗骨由五个大门徒埋在地下，再在上面修佛塔。佛祖"涅"这一年，是佛历元年。到佛历八世纪，老挝一些佛教徒又在皇塔原址上，重新修建了一座小塔。公元1566年，老挝国王赛耶些他蒂拉以这些小塔为基础，下令修建了一座大塔以及周围的三十座小塔，以示对佛祖三十种恩泽的纪念。共用六年时间建成，命名为"帕舍利罗加朱拉玛尼"，即"佛祖骨塔"之意。由于该塔是国王赐造的，故称"塔銮"。每逢节日，全国佛教徒来塔銮对佛祖纪念和膜拜。

联邦德国的狂欢节

狂欢节是德意志民族自古以来就有的一个传统节日。节日活动是农民用来表达抵御恶魔、驱逐寒冬、迎接春天、庆祝丰收的愿望。联邦德国的狂欢节，从每年十一月十一日11点钟开始，要持续两三个月，但它的高潮是在最后一周。

狂欢节开始后，各城市和村镇首先要推举出"王子"和"公主"来主持各项狂欢活动。

"疯狂的一周"主要有两项活动：一项是化装大游行，一项是大型狂欢集会和舞会。化装大游行的队伍里穿的多半是古色古香的制服，还备有糖果和食品、小玩具的彩车。大型的狂欢集会和舞会一搞就是通宵达旦，最受人欢迎的一种节目类似我国相声。

缅甸的点灯节

缅甸的点灯节是在缅历的八月（即公历十一月），这时雨季结束，秋收要开始，大斋戒期也已结束。据缅甸的传说，这时候他们崇奉的佛神下降大地，阐明经义，给人们带来欢乐和幸福。

为了迎佛，人人换上新衣服，家家挂起红灯，到处五彩缤纷，鞭炮声彻夜不绝；歌舞欢腾，热闹非凡。青年人由于婚嫁恋爱开禁而显得格外欢乐兴奋，每户人家灯火亮至天明。

点灯节开始的第一天晚上，人们一般要到佛寺去拜佛。点灯节期间，年轻人还要备点礼物向亲友中的长辈敬拜，表示尊老的风尚；少女们还面对着灯光轻声地说出自己美好的祝愿，祈求幸福。

美国的感恩节

美国人在每年十一月的第四个星期四要欢度感恩节。此节日源于北美英国殖民地普利茅斯。该地居民于1621年度过了困难而获得丰收，为感谢上帝而举办庆祝活动。后经美国总统华盛顿、林肯、罗斯福等定为全国感谢上帝恩赐丰收之节日，遂成为全国性的传统节日。

为欢庆感恩节，美国各地放假四天。按习俗，在节日里，合家要团聚，吃顿团圆饭。即使散居在外的人也都要赶回家来。

节日的传统食品是烤火鸡，其烹制法是将火鸡肚内填满用核桃仁、玉米渣、香肠、洋葱、葡萄干碎末拌成的馅，然后刷上油用火烤，烤成后内嫩外酥，味美可口，香气扑鼻。

印度尼西亚的祭祖节

印度尼西亚以北的安达曼海上的尼科巴群岛居民，每年年终要举行传统的祭祖节。

祭祖节由歌舞开始，以斗猪为压轴戏。节日前一天，人们到丛林里捉来野猪，关在木笼里。为了让野猪在斗场上显得更凶猛，不给它吃东西，甚至让它喝一些棕榈酒。比赛开始，司仪把木笼门打开放出野猪，猪的后腿拴着一根很长的绳子，由格斗士的助手拉着，以便在危急情况下把它拉住。格斗士赤手空拳向野猪奔去，不断地挑逗它，惹它发怒。搏斗时间不长，一般只有几分钟，但相当激烈。格斗士直至把野猪的两耳抓住，才宣告胜利。但有的格斗士会失手被野猪扑倒在地而负伤。最后，不管胜负，野猪都不免宰割，作为祭祖供物。

尼日尔的霍顿戈节

一年一度的霍顿戈节是尼日尔的帕尔族人民最盛大和欢乐的节日，这是庆祝牲畜丰收的节日，一般在旱季举办持续数天的庆祝活动。

庆祝活动第一天是牲畜大检阅。只见数以千计喂养得膘厚肉肥的母

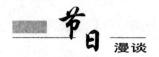
牛和公牛争先恐后地通过主席台前，往往历时一、二小时，颇为壮观。最有趣的是羊群表演。一个羊倌率领着浩浩荡荡的一大群羊，羊儿们跟随着羊倌全力奔跑，仿佛是在冲锋陷阵。跑到主席台前，突然羊倌一声令下，羊群立刻全部停住脚步，一动不动。这一精彩的表演赢得了观众们热烈掌声。

在节日期间，家家设宴开怀畅饮，人人走亲访友互叙情谊。到处是欢歌狂舞，十分热闹。

瑞士的洋葱节

瑞士在每年十一月的第四个星期的星期一，要在首都伯尔尼举办独特的洋葱节。

这个节日源出于1405年。这年伯尔尼城突然遭到一场特大的火灾，烈火熊熊，浓烟滚滚，大火席卷着全城。在这关键时刻，在莫拉湖和纳沙特尔湖之间的维尔伊和冈德马尔雷斯的村民，成千上万的人赶来，奋不顾身的扑灭大火，保全了首都伯尔尼，使伯尔尼人民也安全脱险。为感谢这两地村民，首都就向他们开放，让他们来销售农副产品和特产洋葱。随后就在扑灭大火之日形成洋葱节。

节日这天，在伯尔尼联邦广场——熊场，举办盛大的洋葱展览。村民们运来五光十色的洋葱及洋葱制品展销，受到首都人民的热烈欢迎。

十二月

日本的浸水节

古代日本人把每年的十二月一日叫作"浸水之日"，届时举办奇特浸水节活动。

节日这天，人们带上牡丹瓶，到附近海边，把瓶子投进海里，然后撩起和服，蹲下去用臀部浸水。这种古老的习俗至今在关东以东地区还可看到。据说，往海里投放牡丹瓶是供奉水神，臀部浸水是一种除灾仪式。

而古代大城市江户（今东京都）在十二月一日，居民把田螺扔到户顶上去。据说田螺是水神的化身。城市远离江河的，成千上万居民只能在节日里找替身来实施除灾仪式。

日本人认为水能够除灾净身。因此，在节日里，有些地方给新婚女婿泼水，预祝丰收和早生贵子。

墨西哥的银器节

银器节是墨西哥的独特的传统节日。节日的时间通常在每年十二月的中旬举办。

墨西哥以盛产白银而著称于世，其白银产量一直居世界首位，占世界白银总产量的百分之十八点三，素有"白银王国"之称。墨西哥采银业历史悠久，早在哥伦布到达之前，墨西哥的印第安人就采集天然银豆锻制各种银器，作为装饰品和祭祀用品。墨西哥的白银自明朝末年开始流入我国，有墨西哥国徽图案的"墨银"和"鹰洋"银币，在我国当时市场上曾流通达五十余年之久。

节日在银器主要产地、被誉为银城的塔斯科隆重举办。届时全城张灯结彩，各种银器纷纷上市展销，人们载歌载舞狂欢七天左右。

哥斯达黎加的乞丐节

中美洲的哥斯达黎加，规定每星期二为乞丐节，或称乞丐日。乞丐节这天，富人要向乞丐们施舍。每逢星期二，乞丐们特别活跃，他们到各银行、各店铺里，理直气壮地向老板们要钱。老板们如果不想给钱，也可用实物代替，乞丐们可把实物变卖成钱。银行、店铺的老板们为了应付这些接踵而来的乞丐，到这一天，都准备了大量的零钱和其他不值钱的实物，比如，有的给一、两盒火柴，有的给几支香烟，有的给一支蜡烛，还有的给质量不好的苹果。

土耳其的油跤节

土耳其埃迪尔地区每年十二月中旬举办传统的油跤节。这是一项古老的摔跤运动，相传开始于1356年，是由亚历山大的将士们创办的。

摔跤手的全身和皮裤用橄榄油涂擦。摔跤开始，赛手们灵活地跳动着，把背弯成弓形，互相扭在一起，长时间地对峙着。他们的眼、嘴被橄榄油、灰尘和汗水糊住了，互相摔倒，爬起来再摔。只有当一方把对方四肢朝天地摔倒在地，按住他的肩膀，在一秒钟内使对手不能翻身跃起，才能算胜利。

最后是决赛，也是摔跤手们争夺最高奖品的时刻。奖品是价值八万美元的金腰带，而只有蝉联三届冠军才能得到。六百多年来，阿依丹是唯一荣获金腰带的摔跤手。

罗马尼亚的十二日节

十二日节是罗马尼亚全国性盛大节日之一。节日从十二月二十四日晚开始，到次年一月六日基督的主显节为止共十二天。

节日第一天晚上，由儿童组成诗歌班，手摇铜铃，逐家逐户唱祝福歌，各家主人高兴地向孩子们赐赠礼物。

二十五日上午，青少年化装后在街头和广场上表演圣经中神话故事戏剧。中午合家聚餐。

三十一日是人们占卜和办婚事的黄道吉日。除夕之夜，象征丰收的圣犁由一头神牛拉着前来向人们表示祝贺新年。神牛脖子上的铜铃声、鞭子声，还有牛叫声，象征新的一年将充满希望。

此外，节日里人们走亲访友，举办文娱联欢会，化装游行等活动。

巴基斯坦的乔莫斯节

这是巴基斯坦西北边境的少数民族喀拉什人一年中最重要的节日，每年冬至前后举行。

乔莫斯节为纪念半人半神的英雄——巴洛曼因而设立。节日之前，各家各户赶制节日食品，沐浴净身，先进行家祭，然后聚集在一起，举行庆祝巴洛曼因降临的仪式。人们高唱颂歌，翩翩起舞。节日的高潮是气势浩大的火炬游行。人们手持火炬，列队沿着蜿蜒崎岖的山道行进。遍地烈焰，满山火光，场景甚为壮观。

克木人的马格勒儿节

克木人每年在十二月底要过传统的马格勒儿节。马格勒儿为克木语，译作"吃红薯"，意为大家欢庆丰收。

节日里，祭祀氏族祖先，由供奉氏族祖先的一个世袭长子为主祭人。主祭户发出"请帖"，凡本氏族的人和众亲戚接到"请帖"的都要赶来参加，全村人亦被邀请参加。

祭祖这天，男女老少肃立在氏族祖宗神位前，一一跪拜。祭毕，主人以水酒、肉食、红薯和芋头招待客人。随后，尽情唱歌跳舞。待客散后，主祭人用猪下颌骨一副、筷子一双、竹勺一把放在竹箩里，挂在氏族神所在的火塘上供奉。

捷克的冬季狂欢节

美丽的斯洛伐克农村，冬至异教风俗至今犹存。他们把冬季的狂欢节作为娱乐的季节，早春的先声，庆祝活动丰富多彩。

各种各样的面具表演，是他们庆祝活动的一大特色。在斯洛伐克，节日开始的第一个节目就是人们戴着动物面具，唱一支欢乐的歌。在西利那地区的奥姆采那，人们戴的面具是用草带编成的，它象征着丰收。而同一地区的契契曼尼和罗蒂斯，则仍采用古老的象征自然灾害的野牛面具。因为远古年代野牛曾到处破坏庄稼。为祈求丰收，罗蒂斯的农民便在节日献厚礼给"野牛"，让它躺在地上尽情享受。还有一种风俗是，全体农民一面歌唱，一面将"野牛"杀死，算是击破它的魔术。

他们狂欢节中其他许多活动也很别致。在特尔那娃附近的柴木涅希，人们把"酒神"当作取乐的对象。"酒神"穿着一件皮衣，里面塞着稻草，脸上用煤烟涂得漆黑，然后站在一只架子上让人抬着到处走，看上去就像一个盖了层山羊皮的木头人。在基苏卡，小伙子们抬了一尊用破布做的人像——"婴孩"到处奔走，挨家挨户访问，每到一处，主人都送他们吃的东西。这也是从异教时代流传至今的古老风俗。在诺曼斯附近，成群化了装的小伙子走东家串西家，表演狂欢节的戏剧。在斯洛伐克的西部和柴霍利地区，青年们穿着鲜艳的民族服装，一边鞭挞皮靴一边跳舞。舞毕，人们饷以火腿、香肠、肉或油煎饼，他们用木锥或金属锥串起来就吃。在布列维特采附近的布罗齐那，小伙子拿着木柴到漂亮姑娘的家里去，生起火来焙制一种特别的面食。

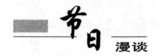

世界性节日

世界日一览表

世界（国际）日是联合国的专门机构及其他国际组织建议，由联合国大会讨论确定的，也有些是由联合国的专门机构及其他国际组织根据自己的任务而确定的、在国际范围内开展的单项活动日。

2月10日	国际气象节
2月29日	世界居住条件调查日
3月1日	国际海豹日
3月8日	国际劳动妇女节
3月12日	世界森林日
3月14日	国际警察节
3月15日	国际消费者权益日
3月17日	国际航海日
3月21日	消除种族歧视国际日
3月22日	世界水日
3月23日	世界气象日　世界结核病日
4月2日	国际儿童图书日
4月7日	世界卫生日　世界戒烟日
4月15日	非洲自由日
4月22日	世界地球日　世界法律日

4月23日	世界图书和版权日
4月24日	亚非新闻工作者日
5月1日	国际劳动节
5月8日	世界红十字日
5月12日	国际护士节
5月15日	国际家庭日
5月17日	世界电信日
5月25日	非洲解放日
5月31日	世界无烟日
5月份的第二个星期日	国际母亲节
5月间	戛纳国际电影节
6月1日	国际儿童节　世界和平日
6月5日	世界环境日
6月17日	世界防治荒漠化和　干旱日
6月23日	国际奥林匹克日　世界手球日
6月26日	国际禁毒日
6月30日	世界青年联欢节
7月1日	世界建筑日
7月2日	国际体育记者日
7月31日	非洲妇女日
9月8日	国际扫盲日　国际新闻工作者日
9月14日	世界清洁地球日
9月17日	国际保护臭氧层日
9月24日	国际和平日
9月27日	世界旅游日
9月28日	国际聋人日
10月1日	世界音乐日　国际老人节
10月份的第一个星期一	国际住房日

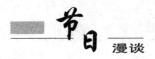

10月2日　　　　国际和平与民　主自由斗争日

10月4日　　　　世界动物日

10月9日　　　　世界邮政日

10月13日　　　　世界保健日　国际教师节　国际盲人节

10月14日　　　　世界标准日

10月16日　　　　世界粮食日

10月17日　　　　国际消除贫困日

10月22日　　　　世界传统医药日

10月24日　　　　联合国日　世界发展信息日

10月31日　　　　世界勤俭日

10月份第一个星期三　　　国际减灾日

11月10日　　　　世界青年节

11月17日　　　　国际大学生节

12月1日　　　　世界艾滋病日

12月3日　　　　国际残疾人日

12月5日　　　　国际志愿人员日

12月9日　　　　世界足球日

12月10日　　　　世界人权日

12月21日　　　　国际篮球日

国际消费者权益日

3·15国际消费者权益日的简称。1983年，国际消费者联盟组织确定每年的3月15日为"国际消费者权益日"，是因为美国前总统约翰·肯尼迪于1962年3月15日率先在美国国会发表了《关于保护消费者利益的总统特别咨文》，首次提出了著名的消费者的四项权利，即：有权获得安全保障；有权获得正确资料；有权自由决定选择；有权提出消费意见。肯尼迪提出的这四项权利，以后逐渐为世界各国的消费者组织公认，并作为最基本的工作目标，被视为消费者的"大宪章"。1995年，国际消费者联盟组织更名为国际消费者协会。

自从"国际消费者权益日"确定以来，世界上保护消费者权益的活动迅速开展。各国普遍加强了立法和监督，加强了对商品标准和质量的检测，设立了有关的管理机构，对侵犯消费者权益的行为给以应有的惩处。

广大消费者为争取对商品有更大的发言权和选择权，保护自身的正当权益，各种消费者组织应运而生。

保护消费者权益是世界广大消费者的强烈要求，也是联合国大会所关心的问题。1985年4月联合国大会核准了《保护消费者准则》。它不仅指出了消费者应享有的权利，而且对各国政府和企业在保护消费者利益方面应当承担的责任，提出了详尽的严格的要求。1960年成立的国际消费者联盟组织的代表已经成为联合国经社理事会、工发组织等机构的顾问或联络员，代表消费者利益参加有关会议和政策的制定工作。

中国消费者协会于1987年9月正式加入国际消费者联盟组织。中国消费者协会为维护我国广大消费者的权益而积极开展活动，并本着积极

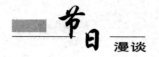

开展对外交往、加强国际交流与合作的原则，多次组团出访，与十几个国家和地区的消费者组织交流保护消费者权益的信息和经验。

关于"世界水日"

根据联合国环境与发展大会《21世纪议程》提出的建议，1993年1月18日的第47届联合国大会，通过193号决议，确定自1993年起，每年的3月22日为"世界水日"，以推动对水资源进行综合性统筹规划和管理，加强水资源保护，解决日益严重的缺水问题，开展宣传教育以提高公众的认识。

水是人类赖以生存和发展的珍贵资源。地球上虽然"三分陆地七分水"，水资源总量达14亿立方公里，但海洋咸水占97.5%，淡水仅占2.5%，储量仅3.5亿亿立方米，其中绝大部分蕴藏在南极冰原和北极冰山中，人类生产和生活能利用的地表淡水仅105亿立方米。

90年代以来，世界淡水资源短缺日益严重，而且逐渐被破坏，污染日益严重，水旱灾害愈演愈烈。随着人口增长和经济发展，对水的需求增长很快，许多国家将陷入缺水困境，经济发展将受到制约。水资源开发的多部门性，各部门在水资源开发与管理方面政出多门，阻碍了水资源的综合利用，使水资源供需矛盾加剧。另一方面，人们并未普遍认识到人类活动对水资源破坏的严重程度。联合国第47届大会根据联合国环境与发展大会在《21世纪议程》第十八章《保护淡水资源质量和供应：水资源开发、管理和利用综合性办法》中所提出的建议，确定"世界水日"的决议，旨在使全世界都来关心并解决这些问题，不然，水危机很可能比粮食危机、石油危机更早到来。

世界气象日

每年三月二十三日是一年一度的世界气象日，这是为了纪念1950年3月23日世界气象组织公约的正式生效而决定的。

气象，就是大气现象，也就是大气圈中的冷、热、干、湿、风、云、雨、雪、霜、雾、雷电、光象等各种物理状态和物理现象的总称。气象与国计民生的关系至为密切。

每年世界气象日，我国气象工作者就同世界气象组织的各会员国一起，围绕共同的宣传主题，以多种方式向群众普及气象知识，宣传气象科学的发展史，以及气象在国民经济、国防建设和日常生活中的作用等。

世界卫生日

4月7日，是联合国世界卫生组织宪章生效的纪念日，世界卫生组织把这一天确定为世界卫生日。

联合国组织确定世界卫生日的目的，是要引起各国对重大卫生问题的重视，并动员世界各国人民普遍关心和改善当前的卫生状况。

第一次庆祝世界卫生日是1949年7月22日。后来，由于七月份大部分国家的学校已放暑假，这将影响更广泛地动员年轻人，因此，联合国把世界卫生日改为每年的4月7日。

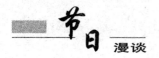

从1950年开始，每年的世界卫生日活动都确定一个特别的主题。1980年世界卫生日的主题是"吸烟和健康，由你自己选择"，1981年的主题是"到2000年时，人人享有卫生保健"。

鉴于目前世界的卫生状况，特别是第三世界各国的环境卫生与人民健康状况比较恶劣，有待改进，确定和开展世界卫生日的活动，是很有意义的。

"五一"国际劳动节

5月1日，是国际劳动节。它是全世界无产阶级和劳动人民团结战斗的节日。

1886年5月1日，美国芝加哥城的20万工人，为要求改善劳动条件和争取八小时工作制，举行了游行示威和总同盟罢工。工人阶级的正义行动，却遭到了美国反动当局的血腥镇压。他们出动大批全副武装的警察，致使200多名工人受伤，数百名工人被捕，四名工人领袖被残酷地处以绞刑。然而，美国工人阶级没有屈服，坚决斗争，一个月后，终于把自己的鲜血和力量，赢得了一天八小时工作的权利。

为了纪念芝加哥工人的流血罢工斗争，团结全世界无产阶级和劳动人民，1889年7月14日，由恩格斯领导的第二国际在巴黎召开的成立大会上，通过了一项具有历史意义的决议：规定每年的5月1日为国际劳动节。从此以后，各国工人阶级都在这一天举行纪念活动。我国工人阶级第一次集会纪念"五一节"是在1920年。

国际护士节

　　南丁格尔（1820-1910）是英国护士，欧美近代护理学和护士教育创始人之一。她出生于英国一个富裕的上层家庭，曾在巴黎大家读书，懂得英、法、德、意四国文字。但她不贪图养尊处优的生活，1850年去德国学习护理。由于她具有组织工作的才能，曾被聘请为英国妇女医院院长。1854年至1856年在克里米亚战争中，南丁格尔率领38名护士赴前线参加伤病员护理工作，建立医院管理制度，提高护理质量，使伤病员的死亡率迅速下降。为了救护伤病员，南丁格尔每天晚上提着一盏小油灯，走几里路去查看伤病员，因此被伤病员亲切地称做"油灯小姐"，南丁格尔的事迹亦随即名震全欧。为了表彰她的功绩，英国政府捐款44000英磅，并赠给勋章和贵重礼品以示奖励。1860年南丁格尔用此款在英国圣多马医院创办了第一所正式护士学校，推动了西欧各国以及世界各地护理工作和护士教育事业的发展。她对于护理学的贡献已被世界公认。1970年英国政府授予她最高国民荣誉勋章。同年，国际红十字会设立南丁格尔奖。为了纪念南丁格尔，国际卫生界把她的生日即5月12日定为国际护士节。

　　节日这天，我国中华护理学会和全国各地分会分别举行庆祝大会，表彰优秀护理工作者，学习新知识，发展整体护理和预防医学工作。呼吁全社会都要尊重护理人员，重视护理工作。

世界电信日

"国际电信联盟"成立于1965年，总部设在日内瓦。它是联合国十五个专门机构中历史最长的一个，也是会员国最多的国际组织之一，到1982年，共有155个会员国。为了纪念国际电信联盟的成立以及强调电信的作用，1969年第二十四届行政理事会正式通过决议，决定把国际电信联盟的成立日——5月17日定为"世界电信日"，并要求各会员国从1969年起，每年5月17日开展纪念活动。1973年，国际电信联盟西班牙全权代表大会再次通过决议，肯定了前几年各会员国开展电信日纪念活动，宣传电信的重要性，普及电信科学技术，培养青年一代对电信通信的兴趣并介绍国际电信联盟的活动情况。活动方式多种多样，如发行纪念邮票举办座谈会或学术报告会，开展业余无线电竞赛和其他竞赛活动，利用电视、广播、报刊杂志等广泛进行宣传和开展科普活动等。为了使纪念活动更有系统性，每年的世界电信日都有一个主题。例如，1980年的主题是"农村通信"，1981年的主题是"电信和卫生"。

电影节的等级

全世界称"国际电影节"的电影节，总共有360个左右，平均地球上天天有"电影节"。

属于"A级"（最高级）的有：柏林电影节、戛纳电影节、卡罗维发利电影节、莫斯科电影节、威尼斯电影节、圣塞巴斯蒂安电影节，加上从1992年9月第5届开始升格为"A级"的东京电影节，全世界共有七个A级电影节。"B级"电影节中较有影响的有：香港电影节、孟买电影节、布鲁塞尔电影节、洛杉矶电影节、巴黎电影节、德黑兰电影节等。"七大A级电影节"均为"综合性电影节和设奖电影节"，其中威尼斯电影节历史最悠久，创办于1932年，每年9月举办，迄今已办了49届；规模最大的是戛纳电影节。

我国于1992年8月举办第一届"长春国际电影节"，于1993年10月举办"上海国际电影节"。举办这两个国际电影节是中国电影与世界电影"接轨"的良好开端，但它们属于哪一级，尚不可知。

法国戛纳电影节

法国戛纳国际电影节是世界上影响最大的国际性电影节之一，每年五月在法国的戛纳举行，首届电影节诞生于1948年。

戛纳是法国东南部城市，位于尼斯西南约26公里，濒临地中海，是阿尔卑斯滨海省省会。这里海水蔚蓝，棕榈葱翠，气候温和，风光明媚，与邻近的尼斯和蒙特卡洛并称为南欧三大游览中心。

一年一度的戛纳国际电影节使这小城名声大噪。每年节日期间，世界各国电影工作者，影迷和影商成千上万来此聚会。一时，影星荟萃，影片如潮，介绍新片的招贴画和五光十色的广告贴满大街小巷，成为名副其实的"影城"。

国际动画片电影节

　　安纳西国际动画片电影节：安纳西是法国东部上萨瓦省首府，被誉为"世界动画片的首都"，原是戛纳国际电影节的一个组成部分。1958年开始单独举办，两年一次，每年6月举行。主要奖品有二大奖、评委会特别奖、国际评论奖、最佳电影奖、儿童片奖等。此外法国动画片协会、安纳西电影学会、法国第二电视台等单位也发奖。

　　萨格勒布国际动画片电影节：萨格勒布是克罗地亚共和国的首府，是著名的动画制片厂所在地。1972年开始举办国际动画片电影节。该电影节和法国安纳西动画电影节交替举行，两年一次，6月举行，为期一周。每届有二、三十个国家参加。放映二三百部动画片。是世界上重要的国际电影节之一，在世界上颇有声望。

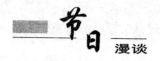

"六一"国际儿童节

　　第二次世界大战以后，为了保障全世界儿童的权利，不使儿童成立帝国主义战争政策的牺牲品，从而提高儿童的地位，改善儿童的生活，1949年11月在莫斯科召开的国际民主妇联理事会上，决定每年6月1日为国际儿童节。

　　这一决定很快被世界各国所承认。我国于1949年12月规定，6月1日为儿童节。

世界环境日

6月5日世界环境日是一个世界性的保护人类环境的行动日，每年的6月5日，世界各地都开展各种活动，纪念人类历史上这个具有重要意义的日子。

环境与发展是一对孪生的兄弟。社会、经济和科学技术的迅速发展，既为人类创造了大量财富，也给人类带来了严重的环境污染和生态破坏。在本世纪五六十年代，西方工业发达国家的环境污染和生态破坏发展到了严重的程度，激起人民的强烈不满，制约着社会经济的进一步发展。特别是当今世界的"八大公害"事件，集中说明了环境污染问题的严重性和危害性。在这样的历史背景下，1973年6月5日至16日，联合国在瑞典的斯德哥尔摩首次召开了人类环境会议，并发表了具有里程碑意义的《人类环境宣言》，呼吁各国政府和人民为维护和改善人类环境，造福全体人民和子孙后代而共同努力。同年十月，第27届联合国大会通过决议，把人类环境会议开幕的那一天（6月5日）定为世界环境日，以后每年的这一天，世界各个国家和地区的政府都积极开展活动，宣传保护和改善环境的重要性，集中研究、解决环境问题。我国也和世界其他国家一样，开展多种形式的宣传活动，让人民永远纪念这一划时代的日子。

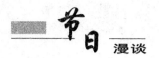

世界旅游日

9月27日是世界旅游日。这是由世界旅游组织确定的。我国于1983年10月5日被接纳为该组织的正式成员国。

世界旅游组织大会为每年的世界旅游日提出一个口号。1984年的口号是"旅游为国际谅解、和平与合作服务"。为配合联合国确定1985年为"国际青年年",因此,1985年的口号是"开展青年旅游,文化和历史遗产为和平与友谊服务"。

国际住房日

联合国大会于1982年就宣布将1987年定为"国际住房年",并决定以后每年十月的第一个星期一定为"国际住房日"。据联合国人类居住中心的资料表明,目前世界上有四分之一的人口,即十亿人住房条件差,其中有一亿人实际上没有住房,这种情况在发展中国家尤其严重。造成住房问题严重的直接原因是城市人口猛增。在1950年,全世界只有76个城市拥有一百万以上的居民,到2000年,拥有百万人口以上的城市将达440多个,其中284个是在发展中国家。据预计,发展中国家的贫民窟人口到2000年将会增加40%到62%。面对严重的住房问题,1978年,联合国成立了人类居住中心。它的主要任务是改善城乡居住区的自然环境和社会环境。

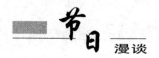

万国邮联日

邮政是传播新闻、促进科学文化交流和沟通人民之间感情联系的不可缺少的工具。

为了更广泛地宣传邮政的作用，万国邮政联盟在1960年决定把每年的十月九日定为万国邮联日，要求各会员国在这一天根据共同的宣传主题组织宣传纪念活动，并介绍万国邮联的历史和成就。

万国邮政联盟的前身为1875年在瑞士伯尔尼成立的邮政总联盟。1878年改称为万国邮政联盟。1949年成为联合国关于国际邮政事务的专门机构，总部设在瑞士伯尔尼。万国邮政代表大会每五年召开一次，并按地区分配原则选出40个成员国组成执行理事会。目前有成员160多个国家和地区。出版刊物《邮政联盟》。

我国于1914年3月1日加入万国邮政联盟。从1972年4月13日万国邮联恢复我国的合法席位后，我国积极参加了万国邮联的活动。

国际学生节

国际学生也称世界学生节。1939 年 11 月 17 日，希特勒德国法西斯侵略者在捷克斯洛伐克首都布拉格，屠杀反对法西斯统治的学生和教授。当时有九名学生被杀，有两千多学生被拘禁，希特勒还下令封闭了捷克斯洛伐克全国所有的大学。第二年，也就是 1940 年 11 月 17 日，世界各国青年学生纷纷发起游行、集会、示威、声援，纪念布拉格学生的正义斗争，揭露法西斯的暴行，打击希特勒侵略者的嚣张气焰。战后，1946 年，在布拉格召开的全世界学生大会上，就决定把每年的十一月十七日定为国际（世界）学生节。届时，世界各国大中专学生集会，揭发、回顾德国法西斯强盗的罪行，激发学生们的国际主义和爱国主义的热情。

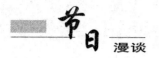

国际篮球日

　　国际业余篮球联合会秘书长斯坦科维奇向新闻界宣布，为庆祝篮球运动诞生 100 周年，1991 年定为篮球年，十二月二十一日为国际篮球日。因为 1891 年 12 月 21 日在美国的斯普林菲尔德举行了历史上首场篮球赛。斯坦科维奇说，国际篮联已成立了一个专门委员会负责筹备纪念篮球运动 100 周年的庆祝活动。据人类学家和考古工作者的考察报告称，篮球活动比哥伦布在纽约登陆还早五百年。尤卡坦的马阳印第安人曾进行过很近似篮球类的游戏。当时马阳人设篮于墙上，篮圈同墙壁垂直，将球投入篮内。据现有资料记载，现代篮球运动起源于 1891 年，是美国麻省春田青年会学校的一位体育教师奈·史密斯，从当地儿童喜欢用球向筐内做投准游戏而受到启发创造出来的，起初称"史密斯球"，后根据这类球活动的特点改称为"篮球"。

"国际年" 一览表

1957年	国际地球观测年
1959–1960年	世界难民年
1960年	世界精神卫生年
1961年	世界保健医疗研究年
1961年	世界种子年
1964–1965年	太阳极小期国际观测年
1965年	国际协助年
1966年	国际米年
1967年	国际观光年
1968年	国际人权年
1970年	国际教育年
1971年	与人种差别斗争国际年
1972年	国际图书年
1974年	世界人口年
1975年	国际妇女年
1979年	国际儿童年
1981年	国际残疾人年
1982年	制裁南非国际年
1983年	世界广播年
1985年	国际青年年
1985年	国际森林年
1986年	国际和平年

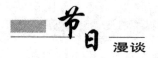

| 1987年 | 援助（安置）无家可归者国际年 |
| 1999年 | 国际老人年 |

注："国际年"是由联合国提议并作出相应决议而确定的。1957年的"国际地球观测年"是联合国倡议的第一个"国际年"。在1972年以前，以不同领域的专业为主题的"国际年"占了很大比重，因此其影响往往限于某个专业。1972年，联合国在瑞典首都斯德哥尔摩召开了人类环境会议，从那以后，人类面临的普遍问题成为"国际年"的重点。1980年，联合国制定有关"国际年"的原则是："选择的主题必须符合联合国宪章"；"优先考虑与经济、社会发展及人道主义、人权相关的主题"；"特别关注发展中国家的情况"；等等。

从原则上说，某个主题的国际年在时间上只有一年。但是，"国际妇女年"和"国际残疾人年"都持续了十年。